心がみるみる晴れる　坐禅のすすめ

平井正修

幻冬舎文庫

心がみるみる晴れる
坐禅のすすめ

はじめに

近頃、一般の人たちのあいだで、坐禅への興味が高まっているようです。実際に、私が住職をつとめている寺の坐禅会にも多くの方がいらっしゃいます。

人は、坐禅に何を期待しているのでしょうか。共通していえるのは、現代人は、とりとめのない、つかみどころのない不安につねにさいなまれているということでしょうか。その不安から脱したい、という気持ちが坐禅に向かわせるのかもしれません。

しかし、**坐禅は、万能の魔法ではありません。**

坐禅をすれば、すぐに心が晴れ、すべてが整理され、確実に強くなる、というものではありません。

坐禅をすれば「無心になれる」なんてこともありません。

私自身、毎日坐禅をしていますが、一生かかっても、そのような「無心の境地」に至れる日が来るかどうかわかりません。

でも、坐禅をするとしないとでは、明らかに違うことがあります。

それについて、本書で説いていきます。

私自身の話になりますが、以前、NHKの番組に出演したときのこと。バンジージャンプをしたときの心拍数を測ったのですが、一般の方とは明らかに違う結果が出ました。しかしそれも、坐禅のおかげなのかどうなのか……。

いずれにせよ、「心」は、人類にとって永遠に解析することのできないテーマでしょう。

「心」そのものと向き合う方法を、坐禅は教えてくれるものです。

しかも、坐禅は、坐るだけ。誰でも、どこでも、できるものです。

ぜひ、坐禅の扉を開いてみてください。

全生庵《ぜんしょうあん》　平井正修《ひらいしょうしゅう》

目次

第二章　坐禅は、何を教えてくれるか?

第三章　坐禅と心

第四章　禅と実践

第五章　坐禅の基本と所作

構成協力　吉村 貴
本文イラスト　前田はんきち

第一章

現代人はなぜ「坐禅」に惹かれるのか？「不安」の正体とは？

坐禅に訪れる人が増えている？

――やってみるかどうかは、「ゼロ」と「一」の差

東京都台東区の谷中に、私が住職をつとめる「全生庵」があります。ここでは毎週日曜日の夕方に、坐禅会を開いています。つねに盛況、〝千客万来〟の様相を呈しています。……こんないい方をすると、世間では一大坐禅ブームが起きているという印象を持たれるかもしれません。実際に、新聞でも、禅がブームになっているという記事があります。

ところが、実態は少し違うように感じます。

「何やら坐禅というものがあるらしい。どんなものだか一度やってみるか」

〝ブーム〟を支えているのはそんな人たちではないでしょうか。

新聞、テレビをはじめ、雑誌、インターネット、ブログ、フェイスブック……等々、メディアが高度に多様化しているいま、さまざまな方向から情報が入りますから、坐禅という言葉についてまったく知らないという人はまずいないでしょう。

そんな中で、ときには著名人が坐禅をしているといった情報も流れる。それで興味が湧いてくるということもあるのでしょう。「とにかく一回やってみたい」という人が圧倒的に多いのです。

ただし、そこから続けていく人はごくわずか、ほんのひと握りです。たいがいは「ああ、こんなものか」で終わってしまう。

でも、それでもいいのです。

あらゆる情報が、いつでも、簡単に、素早く、手に入るこの時代、何ごとについても〝知っているだけ〟の人が増えています。知識として頭に入れただけで、そのことがわかったような気分になりがちです。

しかし、頭で知っていることと実際に身体《からだ》を使ってやってみることとは別物です。

とくに**実践を重んじるのが禅**。坐禅についていえば、やったことのある人とない人の違いは決定的である、といっていいでしょう。

だから、「とにかく一回」でも、「試しに一度」でもおおいにけっこう。身をもって坐禅を体験することの意味はけっして小さくはないのです。

「ゼロ」から「一」に踏み出す場所。私は自分の寺の坐禅会をそんなふうに捉えています。

どんなに坐禅についての知識が豊富だろうと、やってみないことには「ゼロ」でしかありません。一方、友人に誘われてしかたなく、気がすすまないまま坐禅会に来たということであっても、ともかくも「坐った」ら、それは確かな「一」なのです。

もちろん、それでやめてしまう人も、続けていこうとする人もいるでしょう。そこはそれぞれの判断です。大事なのは、「ゼロ」では判断のしようもないということ。「一」に踏み出してこそ、判断ができるということ。そのことを実感することではないでしょうか。

情報があふれているこの時代において、坐禅にかぎらず、あらゆることについて、この「ゼロ」と「一」の違いが明確になっていないような気がします。その意味でも、坐禅というものを通して、「やってみてはじめてわかる」という実感を得てほしいのです。

全国津々浦々、みなさんの近くでも坐禅会は開かれています。時間を見つけて、ちょっと覗《のぞ》いてみる。覗いたら坐ってみる。

「一」に踏み出すと、確実にものごとの見え方、捉え方、考え方が変わってきます。

余計なものを捨てて、本来の裸の心に戻ること、それが坐禅

——坐禅というのは、練習によって成長が感じられるものじゃない

みなさんは、禅僧が坐禅をしているところを実際に見たことがあるでしょうか。その姿からどんな印象を持つのでしょう。端然《たんぜん》たる佇《たたず》まい、静謐《せいひつ》な緊張感、凛《りん》とした威圧感……。印象のいくつかをあげるとすれば、そんなものになるでしょうか。

そこで、こんなふうに考える人がいるかもしれません。

「こりゃあ、坐禅をすると何かすごいことがありそうだぞ！」

事実、坐禅に取り組み始めたきっかけを尋ねると、「自分が変われるのではないかと期待して」とか、「いままでとは違った力が備わるのではないかと思って」、という

ものが多いようです。そのための特別な修行を坐禅と考えているのです。

しかし、**坐禅とはただ坐るだけのこと。特別な修行なんかじゃありません。**

もちろん、**何かを手に入れるための手段でもない。**そのことを、まず、肝に銘じておいてほしいのです。

ふつう、スポーツのトレーニングでも習い事の稽古《けいこ》でも、練習を重ねれば、自分の変化や力の向上がはっきりわかります。たとえば、ピアノはレッスンを重ねれば、技術が上達していくし、弾けなかった曲が弾けるようになります。水泳でも、泳ぐ距離が伸びたり、タイムが縮まったりするわけです。

つまり、それまでできなかったことができるようになる、できることの幅が広がる、質が高まる。……それが一般的なトレーニングや稽古、といったものです。

ところが坐禅は違います。まあ、続けていると足が痛くなくなったりしびれにくくなったりするといった〝変化〟はあるかもしれませんが、「あれっ、どんどん自分が変わっていく」「おお、こんなに力がついた」と感じるものは何もないのです。

それも当然。**坐禅は何かを身につけるのではなく、逆にどんどん捨てていくものだ**

からです。

「放下着《ほうげじやく》」、**何もかも捨てなさい**、という禅語がありますが、まさしくそれが坐禅の**本分**なのです。それまで生きてきた中で、心にまとってきた思いやしがらみの一切合切《いっさいがっさい》を捨てていく。

もちろん、容易なことではありません。幾重にも重なった薄紙を、一枚ずつはがしていくような、いつ終わるとも知れない作業です。

しかしそうするうちに、生まれたときから持っているもの、いってみれば、**まっさらな裸の心**に気づくのです。そして、禅ではそれを**仏性**といったりしますが、そこに戻っていく。

特別な修行をして自分を変えたり、力をつけたりして、〝何ものか〟になるのではないのです。

余計なものを捨てて、ただ、本来の自分の姿に返る。坐禅とはそういうものだ、と私は考えています。

人は坐禅に何を求めているか

――いつの時代も、圧倒的な孤独と不安を抱える人のために坐禅があった

坐禅会にやってくるのは、やや男性が多いのですが、年齢層は若い人から高齢者まで幅広いものになっています。この頃の傾向としては、若い女性が増えてきているということでしょうか。

一般の人を対象にした坐禅会とは別に、経営者の方々の坐禅会もあるのですが、それを含めて、坐禅をしようとする人に共通しているのは、「漠然とした不安を抱えている」ということです。

悩み、迷い、あるいは、戸惑いや怖《おそ》れ……と中身はそれぞれに違うのですが、はっきりとは捉えられない不安があって、坐禅に目を向けるようになったということでは

ないか、と私は想像しています。

たとえば、**経営者の不安の根っこになっているのは「孤独」**です。組織のトップに立つと孤独にならざるを得ない。いまもっとも大きな孤独の中にいるのは、荒海を航行する日本丸の舵《かじ》取りをしている安倍晋三首相だと思います。

全生庵に安倍首相がはじめていらっしゃったのは六年ほど前です。戦後最年少の首相として務められた三六六日の任を退いてから七カ月後のことでした。心底お疲れのご様子で、見ているこちらも苦しくなるほどでしたが、それ以来、こちらにときどき訪れて坐禅をなさるようになりました。

当時、首相が抱えていたものは、想像を絶する孤独でしょう。ふつうであれば、折れてしまってもおかしくありません。

ところがいまの安倍首相は、佇まいも美しく、言葉も力強く、芯の強さもお持ちで、人心をいかにつかんだかは、支持率の高さを見れば歴然です。坐禅がすべてだとはいいませんが、苦しいときにこそ、一人で自分自身と向き合う時間を作ってこられたことには間違いありません。そしていまでも、坐禅を続けていらっしゃいます。その時間が、少なからずいまの首相の輝きのもととなっているとすれば、私としても大変うれしいことです。

何ごとにおいても、最終的な判断、決断は自分一人でしなければいけない——。それがトップの宿命です。孤独の源もそこにあります。もちろん、周囲の意見やアドバイスに耳を傾け、それらを参考にするということはあるでしょう。しかし、いざ、判断するとき、決断するときは、誰にも責任を預けることができず、たった一人で担わなければいけないのです。

しかも、その判断、決断によって、影響を受ける人が大勢います。経営者が判断ミスをすれば、従業員すべて、その家族も路頭に迷うことだってあるわけです。一人でものごとを決め、その結果についての責任も負わなくてはならない。一人で負う重圧は、人を孤独に引きずり込みます。〝不安の海〟に投げ込まれたかのようでしょう。

事実、坐禅会に参加している経営者から、「いまでもよく、会社がつぶれて一文無しになる夢を見るんだよ」という言葉を聞いたことがあります。誰もが知っている日本有数の企業のトップにして、そんな心境にいるのです。

トップの孤独と不安。

日夜その心境に立たされていたのが、かつての武将たちです。とりわけ、戦乱の直中《ただなか》にあった戦国武将は、その思いが強かったはずです。

自分が判断を誤れば……、自分の決断が一刻でも遅れたら……、一族郎党が滅びることにもなる。孤独と不安の渦中にあって、なお、彼らには冷徹で揺るがぬ判断力、決断力が求められたのです。

その**武将たちが拠《よ》り所としたのが禅**でした。

禅は、武家社会に支えられて時代を生き抜いてきましたが、彼らが禅を支持したのは、簡素を旨とする禅の風光が、武士の気風に合っていたという理由からだけだったのでしょうか。

そうではないでしょう。坐禅に象徴される**禅が展開する世界に、孤独と不安を払拭《ふっしょく》する「光」を見ていた**ことも、武家社会が禅とともに歩むことになった、大きな理由だと思うのです。

さて、いまこの時代、命のやりとりこそありませんが、人びとは心の混迷の中にいるかに見えます。経営者ばかりでなく、**誰もが孤独と不安をどこかに背負って生きています。**そんな中で、戦国の世のように、坐禅がそこに光を照らすことができるのかどうか、あらためてじっくりと考えていきたいものです。

人が抱く「不安」とは何なのか

——不安が消えてなくなることなどないことを、まず知る

もう少し、不安ということについて考えてみましょう。

不安など感じたことがないという人はいないでしょう。周囲から見れば、順風満帆そのものの人生を歩んでいるかに見える人でも、心の内には不安をひそませているものです。

前項でも触れましたが、功成り名を遂げた人でも、つねに不安にさいなまれている。むしろ、成功したがゆえにより大きな不安にかられるのかもしれません。

しかし、その**不安の正体は見えない**。目に見えるものなら、手でつかんで放り投げることもできるのだが、そうはいかないからやっかいです。

何か不安に感じることがあると、人はその解決策を必死で求めます。解決策が見つかれば、不安は解消すると考えているわけです。確かに、経済的に困っていることが不安のタネになっているというケースなら、たとえば、宝くじでも当たれば不安は解消されるでしょう。

しかし、多くの場合の**不安には解決策などない**のです。人生の先行きに不安を感じるといっても、将来、自分の人生がどうなっていくかなんて誰にもわからない。わからないことには、解決策も、答えもないのです。

それなのに、答えを求め、答えが出ないことで、さらに不安が深まる。独り相撲《ずもう》をとって堂々めぐりをしている姿です。もっとも、答えが出ないという事実をうまく受けとめられないということはあるのでしょう。

一概に教育の問題とはいえないかもしれませんが、「問い」があって、それに「答え」を出す——という訓練を、私たちは長いあいだしてきています。答えを見出《みいだ》すことで一件落着と考える、という生き方をしてきているのです。

だから、答えが出ないものをどう受けとめたらいいのか、その受けとめ方がわからない。そうしたことに慣れていないのです。だったら、これから慣れていけばいい。それだけのことです。

そもそも**解決策がないものは、うっちゃってしまう、捨ててしまうのがいちばん**です。

禅ではそれこそ口を酸っぱくして「**捨てよ**」といいます。

こんな禅問答があります。ある修行僧が和尚さんに尋ねます。

「私はもう何も持っていません。悩みも何もかもみんな捨ててしまいました。さあ、この私はどうしたらいいのでしょうか?」

和尚さんの答えはこうです。

「捨ててしまえ」

すべて捨ててしまったと思っている、その自分の思いさえも捨てなさい、というわけです。思いにとらわれていたら、今度はそれに縛られることになる、ということでしょうね。**捨てきるのが禅の究極の姿**です。

そうはいっても、捨てきれるものではない。現実には、捨てたそばから、別の不安が心に棲《す》みつく。

不安が尽きるということはありません。ストレスや悩みも同じです。

だから、こう考える。

捨てられるものは捨てる、捨てきれないものは抱えていく。解決しないまま抱えていけばいいのです。

習うより慣れろ、です。やってみれば、不安との〝共生《ともいき》〟もそう難しいことではありません。

禅で、不安定な感情がコントロールできるようになる？

――坐禅でする長い呼吸で、怒りはおさまる

人には喜怒哀楽という感情があります。もっといえば、その感情の起伏の中で生きているのが人間だ、といってもいいかもしれません。

しかし、ときとして人は感情に振りまわされます。喜びのあまり有頂天になったり、怒りで我を失ったり……。また、それをみずから抑え込もうとして、かえってそれがストレスの原因になったり、不安材料になったりすることもあるでしょう。**感情は、なかなかに御**《ぎょ》**しがたい**。

なぜか。そのひとつの要因は、相手によってその感情が引き起こされる、と考えているところにあるのです。

たとえば、怒ったときこんなふうに思いませんか。

「俺がこんなに怒っているのは、あいつがあんなことをしたからだ！（いったからだ！）」

本来なら怒る自分ではないのに、相手があのような言動に及ぶから、致し方なく怒りの感情を爆発させているのだ、というわけです。〝怒りの原因・他者説〟とでもいったらいいでしょうか。

もちろん、相手の言動が自分の内の〝何か〟に触れたことは確か。しかし、怒ったのは、ほかでもない自分、自分の心なのです。早い話、同じ言動に接してもサラリと受け流す人だっているのです。受け流す人が怒りを感じないほど鈍感だということではありません。怒りの感情は、当然、触発されたはずです。

しかし、心をおさめて（調《ととの》えて）、それを露《あら》わにすることはなかった。

同じことに出遭っても、怒りを爆発させる人と、おさめられる人。その違いは、じつは「呼吸」にあるのです。

長くひと息「ふ〜っ」と吐く。すると、心はスッと鎮まり、怒りの感情を包み込んでくれます。

長く吐く呼吸。それはまさしく坐禅の呼吸です。

坐禅をしていると、呼吸を調えることができるようになります。ふだんは無意識にまかせている呼吸を、ここぞというときには、いつでもゆっくり長くできるようになります。

感情が高ぶったら、ふつう呼吸は速くなります。そうやって呼吸が速まると、そのことがさらに感情をエスカレートさせる。ところが、呼吸を調えれば、この連鎖は起こりません。そう、いたずらに感情に振りまわされることはなくなるのです。

「個」が脆弱《ぜいじゃく》になっている時代

――一人で「立つ」ために、坐禅が役に立つ

私はふだん電車に乗る機会があまりないのですが、お盆の時期になると檀家さんのお宅に伺うため、頻繁に電車を利用します。そこで目にするのが、ちょっと違和感のある風景。一列七人がけの座席のうち、五〜六人、へたをすると七人全員がスマートフォンやタブレットPCに没頭しているのがそれです。

メールのやりとりをしているのか、ゲームに夢中になっているのか、何かの情報をゲットしているのか、具体的にはわかりませんが、私にはどうしても馴染《なじ》めない風景なのです。

ただ、そこにこの時代が映し出されていることは確かでしょう。誰か（何か）とつ

ながっていたい、つながっていないと不安になる。あの風景が映し出しているのは、現代人、とくに若者層に共通するそんな心の在り様なのです。

つながり、とりわけ人と人とのつながりが大切なものであることに異論はありません。あの東日本大震災以降、「絆」という言葉が日本全国で語られ、被災地でのさまざまな人びとによるさまざまな活動が、その強さを示しもした。世界も称賛したように、いったん何かことが起こると一致団結する、日本人のすばらしいつながりが、そこにあると思います。

翻《ひるがえ》って、日常の中ではどうでしょう。機械を通して誰かと、何かと、つながっていたい、そのつながりは、私にはもたれ合いにしか見えません。もちろん、メールやネットはツールとしては役に立つものですから、潤滑なコミュニケーションのために〝利用する〟ことはあるでしょう。

しかし、本来の「絆」とは、一人ひとりが、自分の足でしっかり立ち、そのうえでたがいに手を結び、心を結び合うということのはずです。

一人で立っているのは不安だから、しんどいからつながるというのは、「個」の弱さを示すものでしかないと思うのです。

人間、一人で立ってなんぼ、です。**坐禅のいちばんの目標も、精神的にも肉体的にも一人で立つことにあります。**すると、現代人にとって坐禅は〝必須課題〟ということになりませんか……。

そもそも人は後ろ向きな生き物である

――無理して前向きになる必要はない。それよりも、心をゆるめればいい

人は、しばしばこんな言葉を口にします。「ああ、楽になりたい」

仕事に忙殺されて疲れきっているときも、経済的に厳しい状況にあるときも、恋愛問題で何かトラブルが起きて悩ましいときも、ふっと気づくとなぜか「楽になりたい」と口にしている。

ちょっと考えると、楽になりたいなら、それなりの方策を考えるなり、行動をとるなりすればいいじゃないか、ということになるわけですが、人間はそれほど前向きではありません。

人は基本的には後ろ向きなのです。だから、巷《ちまた》には「前向きに生きる」「前向きの

心をつくる」「前向きに考える」……といった類《たぐ》いの書籍やら、雑誌の特集記事やら、情報やらがあふれかえっているのではないでしょうか。

放っておいても前向きになれるものなら、わざわざ前向きになることを鼓舞するご託宣などいりません。「いわれなくても前を向いてらぁ」ですんでしまう。

過去にこだわるのも後ろ向きだからです。「あのときこうしていたら……」「あの選択を誤ってなかったら……」「もう少し勇気があったら……」。人が嘆くこと、悔やむことといったら、ほとんどが過去のことです。

お釈迦《しゃか》様《さま》に**「過去をいたずらに思い煩《わずら》うなかれ」**という言葉がありますが、**いたずらに過去にこだわり、思い煩っているのが、人間です。その結果、不安や悩みがどんどんふくらんでいく**のです。

そんなときに思わず漏らす「楽になりたい」は、案外、効果的なガス抜きフレーズなのでしょう。後ろ向きである自分を「まあ、そんなもんだよなぁ」と認め、**長いため息とともに思いを吐き出す。息を吐くと緊張感が解け、心がゆるみます。**

ゆるんで柔軟になった心で受けとめたら、不安や悩みもそれほど思い煩うことでもない、と気づくかもしれません。「何とか前を向かなくちゃ」などと力み返ることはないのです。

ちなみに私は坐禅会にいらっしゃる人たちに、べつに何もいいません。ただ「坐る」ことをお教えするだけです。

「便利」が「不便」を生んでいる!?

——携帯電話に頼りすぎて、振りまわされるのは本末転倒

いま現代人が日常的にもっとも広くその恩恵に浴している「利便性」といえば、携帯電話でしょう。いつ、どこにいても相手とコンタクトがとれる。コミュニケーションのツールとしてこれほど便利なものはありません。

携帯電話によって、恋人たちのデート現場も変わりました。かつては、どちらかが待ち合わせ場所を勘違いして、二人がそれぞれ別の場所で長い時間待ち続ける、といったことは珍しくはありませんでした。

その間、いろいろなことが頭に浮かび、やきもきもしたし、切ない気持ちにもなったものです。「もしかしたら、すっぽかされたのかな?」「体調でも崩したのか?」

「事故に遭ったのかもしれない」。その場から連絡をとる手立てがないまま、心は千々に乱れるという〝体験〟は恋愛にはつきものでした。

ところが、状況は一変。待ち合わせ場所を取り違えていても、「いま、どこ？ そうじゃないよ。南口だよ、南口。俺もう着いてるから」ですむし、到着時間が遅れても、「えっ、電車の事故で一五分くらい遅れるの。だったら、先にお店に入ってるよ」という善後策をただちに講じることができます。

確かに便利です。しかし、少しばかり情緒的にいえば、まだ来ない彼や彼女を待ちながら、その人のことをさまざまに思う。その時間が、相手に対する自分の気持ちを確認することになったり、一緒にいるときの自分自身のふるまいを省みることになったり。もちろん、会えたときのうれしさは倍増する。

それが、恋愛にえもいわれぬ彩りを添えていたと思うのです。連絡自在のいま、便利さの中にそうした「機微」が埋もれてしまっているのは、残念な気がしないでもありません。

また、いつ、どこにいても連絡できるという便利さも、歓迎してばかりいていいのかどうか、です。私は坐禅会に参加している若い人たちにこう聞いたことがあります。

「キミたちは、彼や彼女に、ただ声が聞きたいなと思って、用事もないのに電話をしたことがあるだろ?」

答えは全員一致で「YES」でした。それをとやかくいうつもりはありません。問題は相手が電話に出なかったときです。当然、こちらは勝手にかけているわけだし、相手にだって都合があるのだから、出ないことがあるのは当たり前です。

そこで、「忙しいんだな」と気持ちを切り替えて、自分のやるべきことをやるというのならいいのですが、なかなかそうはいかない。

「な、なんで出ない。こんな時間にいったい何をやってるんだ。もしかしたら、う、浮気……‼」

〝こんな時間〟に電話している自分の非常識、不作法を棚上げして、相手に対する疑惑の念だけを募らせることになる。心に生じた「不安」を、みずから大きくしているのです。

これは便利さの〝弊害〟のような気がするのですが、いかがでしょうか。

「莫妄想《まくもうぞう》」という禅語があります。**妄想することなかれ、**ということですが、便利さの象徴のような携帯電話には、いらぬ妄想を促す〝機能〟も備わっているようです。

電話でつながらなくても、聞きたいときにすぐに声が聞けなくても、平静な心で、どこかにいる相手を信じることができる。そんなあなたになれるといいですね。

それには、自分自身の芯を強くすることです。といって、特別なことはありません。

坐禅で平静な気持ちを保つことを少し覚えるだけでも、大きく変わります。

開き直る強さを持とう

――自分の価値は、人の評価で左右などされない、確かなものである

孤高を保つという言葉がありますが、周囲にどんな頓着もせず、自分を貫いていくのは至難の業です。**誰だって周囲の目や声が気になるもの。**気になるどころか、それに大きく左右されることが少なくありません。

相手が自分を認めてくれない、相手に否定される、といった場面に直面すると、自分は価値のない人間だ、世の中に必要のない人間なのだ、という方向に心の針が振れてしまったりする。人に認めてもらえないと「不安」になるわけです。

痛ましいことですが、「死ね！」というひどくて心ない言葉が連なったメールを、繰り返し繰り返し送られて、みずから命を絶ってしまう子どもがいます。周囲に押し

つぶされてしまった悲劇としかいいようがない。

しかし、**自分の価値など自分自身でさえよくわからない**のです。そこに気づけば、他人が語る価値がどれほどのものかは、簡単に想像できるはずです。まともに聞くに値しない。たいがいはそんなものです。

もちろん、人間だからほめられればうれしいし、けなされたら腹が立ちます。ただし、それは心の〝条件反射〟的な反応です。ひと呼吸するうちにも消えてなくなる。だいいち、**ほめられたからといって自分の価値が高まるわけではないし、けなされたからといって価値が下がるものでもない**のです。

周囲の声に対しては、開き直ってしまえばいい。

「俺にだってわからないものを、よくおまえは他人の価値がどうとか、こうとか、いえるね。そんなの、もう、聞くのや〜めたぁ！」

その意気です。まあ、正面きっていうこともありませんが、心の中ではこの啖呵《たんか》をきってください。すると、それまではグサッと胸に刺さってきた周囲の声も、自然に聞き流せるようになります。

他人に対する評価は独りよがり

——いい・悪いは、自分の中にある基準だと心得よう

「他人の評価」について、もう少し掘り下げて考えてみましょう。

人はたくさんの人たちとのかかわりの中で生きています。そして、知らず知らずのうちに「いい」「悪い」を判別しているものです。

「あの人はほんとうにいい人だな。心配りも行き届いているし……」

「いいたくはないけど、彼にはちょっと好感が持てない。あの我の強さが……」

思いあたるフシがあるという人がほとんどでしょう。さて、その「いい」「悪い」ですが、これを子細に検証してみると、見えてくるものがあります。典型的なのが、子どもに対する評価です。

親や大人たちが「あの子はいい子だね」というのはどういう子どもでしょう。

電車やバス、飛行機など公共の交通機関を利用しているときは、騒がずに静かにしている。家で仕事をしているときは、遊んでほしいなどとわがままをいわない。食事中はちょこまか動かずきちんと食べる……。もちろん、それを〝いい子〟と評価するのは間違っているとはいいませんが、どれもが親や大人にとって「都合がいい」ということなのではありませんか。

家で遊んでいたいのに、「買い物に行くわよ」といきなり連れ出され、バスに乗せられれば、子どもだってじっとしているのは難しい。うっぷん晴らしに少々騒ぎたくもなるでしょう。それに目くじらを立てるのは、明らかに親の都合でしょう。

その一方で、公園に行けば、わぁわぁ騒いでいる子どもを、「まあ、元気！ いい子だわ」と目をほそめて眺めていたりする。これも都合にかなっているからです。ある年齢になったら、マナーを教えたりしつけをする必要はあるにしても、**「いい」「悪い」の判断には親や大人のご都合主義がおおいに働いているの**です。

このご都合主義は根強い。大人の人間関係の中でも幅をきかせています。自分にとって「いい人」を思い浮かべてみてください。多分に「都合のよさ」が判断基準になっていませんか。

自分にとって都合がいい、悪いということを基準にして、他人を評価する。ものごとを判断する。ずいぶん身勝手なものです。しかし、そこから完全には抜け出せないのも、また、人間というもの。自分の都合など微塵《みじん》も入り込むことなく、人物評価ができる、ものごとを判断できる、というのはもはや仏様の境地でしょう。

身勝手な評価、判断から人は離れることができないのです。ただし、そういう自分であることに気づくことはできる。自分の評価、判断には自分勝手な都合が働いているのだ、ということを知っておくことはできます。

大切なのはそこです。**〝わが身勝手さ〟を心にとめておけば、謙虚になれます。**自省の心が育ちます。他人を受け入れる器が、ものごとを受けとめる度量が、ひとまわりも、ふたまわりも、大きくなるのです。

第二章

坐禅は、何を教えてくれるか？

「誠を尽くす」とはどういうことか？

——自分のためになると信じてやりきれば、必ず人のためになる

全生庵の先代住職であった父が他界したのは七四歳、私が二五歳のときでした。

当時、私は静岡県三島市にある臨済宗龍沢寺《りゅうたくじ》の修行道場で寝起きをしていましたが、父の死後、全生庵に戻って住職を継ぐことになりました。

葬儀もあり、何かとあわただしい中で、私は何としてでも住職としての役目をはたさなければいけない、と考えていました。それが気負いにも、背伸びにも、なっていたのでしょう。何ごともうまくいかないのです。

そんな私を見かねたのか、師がこんな話をしてくれたのです。

「うまくいかないというが、おまえがうまくいくというのは、どういうことをいうの

だ」

師に尋ねられて、私は、「自分がこうなったらいいな、というふうにものごとが進むことです」と答えました。師から返ってきたのはこんな言葉でした。

「こうなったらいいな、というのはおまえが勝手に思っていることだろう。たかだか二五歳のおまえが思うように世の中が動き、ものごとが進んでいったら、それこそ恐ろしいことだと思わんか」

喝《かつ》の一撃でした。二五歳の若僧が、七四歳の父と同じように住職をつとめることなど、どだい無理な話です。そんなことはできるわけがないのです。それをやろうとして、できないからといって、「うまくいかない」と拗《す》ねているバカ者。師の目にはそう映ったに違いありません。

「至誠神《しせいかみ》の如《ごと》し」。これは全生庵を建立した山岡鉄舟《やまおかてつしゅう》先生が好んだ言葉だといわれていますが、とことん誠を尽くすことが生きていくうえでもっとも大事なのだ、という意味でしょう。「誠」は誰かに尽くすのではない。自分自身に、その心に、尽くすのだ、と私は理解しています。

そのとき、その場で、自分がやるべきことを一所懸命つとめる。それが誠を尽くすことです。

そうしていたら、それがもたらす結果に一喜一憂することもなくなる。成功しても失敗しても、好評だろうと不評だろうと、あるがままを真摯《しんし》に受けとめていけるのです。「うまくいかない」と悩むことも、拗ねることもない。

その後も師のひとことで目を開かれたことがあります。修行道場に身を置いて一〇年ほどたった頃でした。当時、私は修行道場での生活が主でしたが、全生庵の住職の仕事もあって、静岡と東京を行ったり来たりしていました。

その二重生活に批判の矛先が向けられた。

修行道場では、「なんだ通いか。腰を据えて修行する気があるのか」といった声が聞かれ、寺の周辺でも、「なんでぃ、住職なのに今日もいねぇのか」という声が囁《ささや》かれるようになったのです。

いささかめげた私は、谷中の寺に帰ったほうがいいと考え、修行道場を引くことをなかば決めて、師にそう話したのです。そのとき師がおっしゃったのが、「おまえは何のためにここで修行をしておる」ということだったのです。「自分のためです」。そう答えた私に、師はこんな話をされた。

「自分のために修行する。まあ、それもいいだろう。しかし、その自分のためにいまこの坐禅堂で坐禅をしていることが、全生庵のためにもなる、全生庵で留守番をしてくれているお母さんのためにもなる、そして、全生庵の檀家さんのためにもなるのだ、というところまで信じきれるようにならなければ、寺に戻ったってしかたがないな」

坐禅堂で坐禅をしながら、「全生庵はどうなっているかな?」と考えるようでは、自分のための修行にすらならないということでしょう。

いま坐っていることが、自分のためにも、全生庵のためにも、檀家さんのためにも、ひいては世の中のためにもなる。そこに少しも疑いの心があってはならない。とことん信じきって坐ってはじめて、修行になるのだ、と師はおっしゃったのです。

坐禅堂でそこまで信じきって坐れるようになれば、全生庵に帰ってからも、そこで自分がやっていることが信じきれる。自分のためにやることが、人のためにもなり、世の中のためにもなる、と信じて行動できるということでしょう。

誰かのため、何かのために、自分を殺して行動する。立派なことのようですが、じつはそれではまだ本物ではないのです。「自分のため」が、そのまま「人のため」になっている、それが本物です。そう生きたいものです。

「無私」などない

——坐禅をすれば欲も我も消える、と考えるのは、大間違い!

よく、「あの人は無欲の人だ」といったいい方がされます。禅にも「無《む》私《し》無《む》欲《よく》」という言葉があります。私心を持たず、つまり、自分のことは考えず、どんな欲にも動かされないで、人のために行動する。——これが、もっとも美しい、究極の行動原理といえるかもしれません。

お釈迦様にも、まさに自分の命を投げ出すというエピソードが伝わっています。「捨身飼虎《しゃしんしこ》」というものですが、お釈迦様がまだ前世に生きておられたとき、七頭の飢えた親子の虎に自分を食べさせて、その命を救ったという話です。

自分の命をほかの命のために捧《ささ》げる。自己犠牲です。奈良の法隆寺に所蔵されている「玉虫厨子《たまむしのずし》」には、このエピソードを描いた「捨身飼虎図」があります。無私無欲で生きられたら、確かにすごい。しかし、です。実際にそんなことができるでしょうか。

欲を持たないといったって、人を何かの行動に駆り立てるいちばんの原動力は「意欲」です。

「意」は「心」ですから、人は自分の心の欲するところ、心の「欲」に衝《つ》き動かされて、行為なり行動なりをするわけです。その欲をなくしてしまったら、抜け殻のような、腑《ふぬ》抜けのような、生き方しかできない。そうもいえるのではありませんか。

無私にしても、誰もが私心（自分の意思）を持って行動しているのだから、それをなくしてしまったら、そもそも行動することなどできないということになる。

「無私」についての追求は、それこそ昔から多くの人が挑んできましたが、ひとつの正解が出ているわけではないのです。

もちろん、「無私」は、めざすべき方向ではあります。無私無欲を理想として掲げるのはいいのです。私心も欲も、できるかぎり削《そ》ぎ落としていく努力、捨てていく努力は必要でしょう。そのひとつのかたちが「見返りを求めない」ということかもしれません。

自分の行動が、何かを得るため、何ものかになるため、というものではなく、ただ、そのことを一所懸命にやるというものだったら、それで十分。そんな気がするのですが、いかがでしょうか。めざすべき「無私」は、そんなことであると考えればいいのです。

心はどこにあるの？

——目に見えない「心」を調えるには、まず姿勢と呼吸から

ひとつ質問です。「心というのはどこにある？」。おそらく、多くの人が瞬間的に「ここ」と心臓のあたりに手を置いたのではないでしょうか。心は心臓周辺、胸の奥にあるような気がしています。

しかし、いうまでもありませんが、**実際に心を目で見ることはできません。**その在《あり》処《か》はわからないのです。

その〝わからないもの〟に、人は大きく影響されています。喜怒哀楽も心の作用だし、痛んだり、塞《ふさ》いだりするのも心です。さらに、哀《かな》しみや痛みが嵩《こう》じれば、身体の器官にも変調をきたします。哀しみのあまり、病に伏すといったことは、けっして珍

しいことではありません。

坐禅では「**調身**《ちょうしん》**、調息**《ちょうそく》**、調心**《ちょうしん》」ということをいいます。**身体を調え、呼吸を調え、心を調えるのです。**

「心」というわからないものを調えようというのだから、ずいぶん乱暴な話だと思うかもしれませんが、この三者が一体となっている意味は、そこにあるのです。

「さあ、やるか」といきなり心を調えることに取りかかっても、これは無理がありま す。何しろ、見えない、所在不明なのですから。

そこで、呼吸に目を向けてこれを何とか調えることを考えてみる。しかし、こちらも一筋縄ではいきません。たとえば、緊張したり、焦ったりしたときは、勝手に動悸《どうき》が速まり、呼吸も荒くなってきます。一気にこれを調えようったって、そうはいかない。

そこで、身体なのです。身体、つまり「姿勢」は、**いつでも自分の意思で調えることができます。姿勢が調えば、深く長い呼吸ができるようになる。呼吸が調っていくのです。そして、呼吸が調ってくると、心が調ってくる。**

坐禅をして、まず姿勢、そして呼吸を調えると、気持ちが落ち着いて、静かな、穏やかな気分になります。どこにあるかわからない心が、調ってくることが実感できるのです。

この「身体」→「呼吸」→「心」という流れで己を調えようとしたのは、経験に基づく先人の知恵ですが、恐るべき、そして、すばらしい叡智《えいち》です。

道に迷ったときどうしますか?

――迷ったときほど、立ち止まって動かず、いまどこにいるかを確認する

「どう生きていったらいいのかわからない」

「人生の目標というものが見つからない」

そうした迷いの中にいる人が少なくないかもしれません。自分の生き方、人生の目標……う~ん、遠大なテーマです。考えれば考えるほど、悩めば悩むほど、迷いは深くなります。思索をめぐらせるのもいいですが、ここはひとつ、ちょっと目線を変えてみませんか。

人は道に迷ったとき、さて、どうするでしょう。全生庵にもときどき、道に迷ったからといって連絡をとってくる人がいます。

「そちらに伺いたいのですが、どう行ったらよいのでしょうか？」

私は言葉に窮します。この問いには答えようがないからです。そこで、こう問い直します。

「いま、あなたは、いったい、どちらに、いらっしゃるのですか？」

現在その人がいる場所がわからなければ、道を教えようがありません。そう、**道に迷ったら、真っ先にやるべきことは、立ち止まって、そのとき自分がどこにいるのか、その居場所を確認すること**なのです。

きわめて基本的なことなのに、案外、それを忘れることがある。

自分がどこにいるかわからずに、四方八方に視線をやって、「どの道を行けばいいのだ」とやっているのだから、道が見つかるわけもないのです。

人生という長い道のりを歩んでいるときも、この基本原則は同じです。いや、長いからこそ、いっそう基本に忠実であるべきです。

禅語に**「脚下照顧《きゃっかしょうこ》」「看脚下《かんきゃっか》」**というものがあります。どちらも、足元を見つめなさい、という意味です。

禅では足元を見つめ、自分の居場所を確認することを非常に重んじています。坐禅をするのも、じぃ〜っと静かに坐ることで、**そのとき、その瞬間の居場所を見定めるため**――言葉を換えるなら、**正味の自分（自分本来の姿）というものを知るため**だといってもいい。

人は迷ってしまうと、むやみやたらに動きたがるものです。動くことで何とか活路を見出そうとする。しかし、動きまわってしまったら、かえって、自分の居場所がわからなくなるのです。

立ち止まって、あるいは静かに坐って、**「どの道を行けばよいのだ」**ではなく、**「自分はいまどこにいるのだ」**という問いをみずからの内に発してください。

居場所を見定めるということは、いまの自分がしたいこと、いま自分ができること、を確かめる作業でもあります。それさえ曖昧《あいまい》なまま、生き方だの、人生の目標だの、といったって、文字どおり、雲をつかむような話ではありませんか。

しっかと居場所がわかったら、おのずから道は見えてくるものです。さあ、坐禅でもしますか。

坐禅は誰でもできる
——まずは、「行く」だけでいい

世の中には慎重居士《しんちょうこじ》といわれる人がいます。何ごとをするにしても、準備万端整えないと落ち着かない。石橋を叩《たた》いて渡る、という言葉がありますが、この居士の中には叩いてもまだ渡らない人もいるようです。

そこまで極端でなくても、何かに取り組もうとすれば、最低限の準備は必要になります。スポーツなら道具やウエアがいるでしょうし、お茶やお花の習い事でも、身ひとつでいいというわけにはいかない。

そんな〝常識〟があるからか、私もときに**「坐禅をするには何か心の準備といったものがいるのでしょうか？」**と尋ねられることがあります。

禅僧が坐禅に打ち込む姿を見たことがある人もいるでしょうが、これが、なかなかに迫力モノです。そこで少々、気圧《けお》された気分になるのかもしれません。

「こりゃあ、生半可な気持ちじゃ坐禅はできない。よっぽど心して取り組まないといけないぞ」

と考えるのでしょう。しかし、熟慮無用。坐禅は誰にでもできます。まずは、**坐禅会に行けばいい**のです。そこで〝白紙〟の状態から禅僧の手ほどきを受ける。ここがいちばん大切なポイントです。

日蓮宗の開祖である日蓮聖人は、仏教の他宗派を激しく批判したことでも知られています。その言葉に、「真言亡国《しんごんぼうこく》、禅天魔《ぜんてんま》、念仏無間《ねんぶつむげん》、律国賊《りつこくぞく》」というものがあります。真言宗、禅宗、浄土宗、律宗をそれぞれ酷評しているのです。

他宗派のことは措《お》くとして、禅は天の魔物の所業といっている。もちろん、これには反論必至ですが、坐禅を取り入れたよからぬ組織や団体がないともかぎりません。そうしたところに足を踏み入れたら、それこそ魔の所業に手を貸すことだってないとはいえないのです。

坐禅を始めるときは、必ず、**それなりの修行を積んだ禅僧に一から指導を受け、正しいかたちを身につけるのがいい**、ということは心にとめておいてください。坐禅会や坐禅の指導をおこなっている禅寺はいくつもありますから、ハードルが高いなどと思わずに、気楽に門をくぐったらいいのです。

坐禅会には老若男女が集まっていますし、坐禅歴何十年というベテラン勢もいれば、始めたばかりの人もいます。さまざまな坐禅体験を聞くのも、参考になるのではないでしょうか。

少しでもいい、毎日静かに坐る時間をつくる

――現代人は「静寂」を失ってしまった

ここ一週間の自分の生活を振り返ってみて、わずかな時間でもいい、「静かに坐った」ということがあったでしょうか。ないという人がほとんどでしょう。期間を一カ月間に広げて考えてみても、結果は同じになるのではありませんか。

出勤前の朝はとにかくあわただしい。仕事をしているあいだは、追われるように時間が過ぎ、帰宅してからも、寝る間際までテレビがつきっぱなし。**静けさとは無縁というのが現代人の日常生活**です。

しかも、聞いてみると、テレビをつけていても、必ずしも観ているわけではないようです。それなら消せばいいようなものですが、「静かになると落ち着かない」とい

う声が、けっこう少なくないのです。

元来、人間は暗いところ、闇に怖れを感じるものです。周囲を見通せず、何かに襲われるかもしれないという恐怖があるからでしょう。もっとも、その闇も、文明の進化でどんどんなくなり、大都会は不夜城の様相を呈しています。闇の恐怖から切り離されているのが現代人、とりわけ都会に暮らす人びとだといっていいでしょう。

静けさも現代人の生活から失われています。つねに喧噪《けんそう》や何かの音に取り囲まれて生きている。心を落ち着かせてくれるはずの静けさが、逆に心を粟立《あわだ》てるのはそのためなのでしょう。静けさに慣れていないのです。

しかし、いつも音にさらされているということは、耳からの刺激を受け続けているということです。神経を使い続けているのです。これでは心だって休むことができません。それが常態化してしまっているから、静寂に違和感を覚える、「静かになると落ち着かない」ということになるのです。

生活に坐禅を、静かに坐る時間を取り入れると、静寂が心を穏やかに落ち着かせてくれるものだということが感じられます。「ただ坐っているってことが、とても大切なんだなぁ」と思えてくる。

慣れていなかった静けさに心が慣れていって、周囲の静寂が心の静寂につながっているということが体感としてわかってくるのです。

ほんとうの意味で心を休めるとはどういうことか、それまで知らなかったその状態がどんなに心地よいかが実感できる、といってもいいでしょう。

はじめは長い時間でなくていい。五分でも一〇分でもいいので、静かに坐ってみてください。その〝新感覚〟を味わってください。すると、間違いなく、心にも生活にも変化が訪れます。

坐り方については第五章で詳しく紹介しますが、床に坐り足を組むことが難しければ、背筋を伸ばして椅子に坐るだけでもいいのです。まず大切なのは「静寂」の時間を持つことです。

坐禅は、「心の自然治癒力」を高める

——心の強さを左右するのは「しなやかさ」

人の身体には自然治癒力というものが備わっています。ウイルスや病原菌に感染して病気になっても、身体自体にそれを撃退するメカニズムがある。薬はあくまでそれを補完するもので、病気を克服するために主役として働くのは、このメカニズムだといわれています。

一方、**心にも自然治癒力はあります。**

緊張を強《し》いられる場面にいて動揺しても、時間がたてば、しだいに動揺はおさまっていく。つらいことがあったり、嫌なことがあって心がへたり込んでも、しばらくすると立ち直っている。

誰もが経験しているはずですが、いつか心は元に戻るのです。これはまさに自然治癒力、復元力といってもいいかもしれませんね。

心はしなやかなのです。喜怒哀楽の感情によって、喜びや怒り、哀しみや楽しさの方向に振れても、竹のようにしなって、平静なところに戻ってくる。この「しなって」「戻る」ことの繰り返しが、すなわち心の動きということです。

ただし、身体の自然治癒力に強弱があるように、心の復元力にもそれがあります。いったん哀しみに心がとらわれると、なかなかそこから抜け出せない人がいます。復元力が弱いのです。そうかと思えば、哀しみの底に沈んでいても、いち早くそこから立ち直る人もいる。そういう人は、強靭《きょうじん》な復元力の持ち主です。

この**心の復元力は、坐禅と深くかかわっている、**と私は経験の中から感じています。**坐禅は平静な心の位置をしっかり定め、しなやかさを鍛えます。**心の〝しなる度合い〟がよくなり、いくらでもしなるようになるのです。そして、戻ってくる速さも増すのです。

「平常心是道《びょうじょうしんこれどう》」という禅語があります。**ふだんどおりの心でいることが、道、すなわ**

ち悟りだという意味です。

ふだんどおりの心とは、微動だにしない心ではありません。いくら修行を積んだからといって、心がピタリと一定のところにおさまっていて、動かないなどということはありません。喜怒哀楽をいっさい感じなくなったら、それはもう人間ではないですよね。

感情によって、さまざまに振れはする。しかし、おさまるべき場所がわかっていて、すみやかにそこに立ち返ることができる。それが「平常心」ということです。

よく、「坐禅をしていると、何ごとに対しても動じなくなる」といわれますが、心が動かないわけではないのです。この〝メカニズム〟がパワーアップして、しなやかさが増しているということです。

心にかかる負担が増幅するばかりにも感じられるこの時代、「もっと心が強くなりたい」と考えている人は多いはずです。ならば、坐禅です！

落ち込むというメカニズムは克服できる

——「自分」と「我」の違いを理解すること

最近の若い人たちは、始終「落ち込んでいる」という話を聞きます。仕事で怒られると落ち込む、思うようにできない自分に落ち込む、人間関係で些細《ささい》なトラブルがあって落ち込む……。草食系男子と呼ばれる〝やさしい〟青年たちは、上司に怒鳴られてポロポロ涙をこぼすこともあるそうです。

男子たるもの質実剛健であるべし、といわれた、はるか昔を懐かしむ気はありませんが、やはり、「ああ、隔世《かくせい》の感!」の憂いは禁じ得ません。

たとえば、叱責《しっせき》されて落ち込むのは「自分は否定された。なんで自分を否定するんだ」という思いがあるからでしょう。では、その**「自分」って何なのですか。確固た**

る自信を持って存在している自分ですか。

そうではないでしょう。

「本来の自分」などそうたやすく見つかるものではないのです。禅の修行は、その本来の自分に出会うため、本来の自分を見つけるためにある、といってもいいくらいです。

否定された気持ちになるのは「我」が前面に出ているからでしょう。「俺は正しい」「私は間違っていない」というのが我ですね。それをポコンと叩かれて心がすっかり沈み込んでしまう。それが落ち込むというメカニズムです。我を少しばかり引っ込めたら、それですむ話です。

それに、怒られることと否定されることはまったく違います。怒られるのは、その組織なり、グループなりが、そういうルールで動いているからであり、それを逸脱したら怒られるのは当然です。

ただ、直せばいい。遅刻して怒られたら、遅刻しないようにする。仕事でミスをしたら、同じミスを繰り返さないようにする。怒る側が求めているのはそのことだけですし、怒られる側が応《こた》える方法もそれしかないのです。もちろん反省の必要はありますが、むやみに落ち込む必要なんかどこにもない。

さて、あなたの落ち込み、克服できそうですか。

「ほめて育てる」のは逆効果

――むやみにほめても、能力は伸びない。身体と同じく、心も鍛えて強くする

家庭内を見たとき、昔と比べていちばん変化したのは親子関係でしょう。かつて、家庭における父親は、ふだんはさしてものをいわなくても、悪さをしたらガツンと怒る、要所を締める存在でした。

ところが、現代では、父親も母親も、まるで友だちのように子どもと接します。それどころか、子どもが受験の準備態勢にでも入っていようものなら、腫《は》れ物に触るような扱いをする親も少なくないようです。

もちろん、子どもと積極的にコミュニケーションをとることを否定するつもりはありません。しかし、**気を使いすぎ、ほめすぎ、は賛成しかねます。**

かなり前から、「ほめる子育て」が推奨され、それをテーマにした書籍も書店に多数並んでいるのが実情ですから、ほめることを子育ての柱にしている家庭も少なくないのでしょう。

子育てだけではありません。人を育てるケースでも、ほめることがもっとも有効だという考えがいまは主流になっています。もちろん、ほめるべきときにほめるのは大切なことです。人はそれで意欲を高めたり、能力を伸ばしたりする。

でも、ちょっとしたことでもほめてばかりいたら、人は、そこで合格点を出してしまい、さらに努力することや自分を省みることをしなくなります。場合によっては、せっかくの能力をつぶすことにもなりかねません。

心を「鍛える」という面から、考えてみてください。

修行道場に入るとき、父は私にこういいわたしました。

「修行道場に行って、ほめられるようになったら、帰ってこい」

この言葉を常識的に解釈すると、ほめられるようになるということは、たいがいのことができるようになって、師もお墨付きをくれたということだから、全生庵でもまずまずやっていける、だから、帰ってきてもよし、というふうにとれます。

ところが、父のいわんとしたことはまったく逆《さか》さまなのです。修行道場というところは、怒られに行く場所である。怒られてわが身を正し、怒られて何ごとかを学んでいく。その修行道場でほめられるということは、どういうことかを考えろ。こいつは身を正す気力もない、学ぶ気概もなさそうだ、と師が見切ったということではないか。つまり、もうどうにも伸びしろがないから、ほめておくよりしかたがない、と師に匙《さじ》を投げられたことにも等しいのだ。そんなおまえでは修行道場に迷惑をかけるばかり。だから、帰ってくるよりほかはない。父の胸の内はそういうことだったのです。

結局、私は〝怒られ続けて〟十数年間、修行道場にお世話になったわけですが、いまは、「鍛えていただいた」という感謝の念と、「まあ、少しは師にも、父にも、応えることができたかな」といういささかの自負を持っています。

当然、禅の修行と一般の生活とは違いますが、**鍛えなければ心は強くならない**、ということは変わりません。身体を強くしようとすれば、誰もが何の疑問も持たずに「鍛えるしかない」と考えるでしょう。

世界で活躍しているスポーツ選手は、過酷な練習が基本にあるから、世界で戦えるのです。そのためにトレーニングをするなど、身体を厳しい環境に置くわけです。

現代人は、強い心を持ってほしいと思いながら、「ほめすぎ」というぬるいところに安住しがちです。知らず知らずのうちに逆効果になっている。

そろそろ、そのことに気づきませんか。

リラックスよりも、「二四時間緊張」が、人を美しく健康にする

——修行僧が、冷暖房のない修行道場で、風邪もひかず元気な理由

「たまには仕事のことを忘れて、心底リラックスしたいなぁ」

仕事に忙殺されているときなど、ついついそんな台詞《せりふ》が口をついて出ます。

リラックスというと、身体も心も緊張感から解き放たれて、次の行動に向けて英気をやしなう最良の方法だと考えている人が多いのではないでしょうか。

しかし、私は少し違うと考えています。禅では行住坐臥《ぎょうじゅうざが》、つまり、歩いているときも、とどまっているときも、坐っているときも、寝ているときも、すべてが修行だとされています。**二四時間、何をしていてもそれが修行**なのです。

修行ですから、手を抜くわけにはいかない。いつも緊張を強いられる生活です。リ

ラックスなどする余裕はありません。それでは、身体も心もたまったものではないじゃないか、と思うかもしれませんが、これがさにあらず、なのです。

実際、一〇年を超える修行期間中に私が寝込んだのはたった一日。寝込んでしまったのは、その頃、睡眠時間が二時間程度という日が数日続き、その後、托鉢《たくはつ》に出たとき、途中で動けなくなってしまったからです。精も根も尽きはてたという状態でした。内臓も働かなくなり、何を食べても戻してしまうという具合。もっとも、翌日、一日寝て身体を休めたら、すっかり元に戻りましたが……。

この経験からいっても、**人間、なまじリラックスするより、適度な緊張感の中にいるほうが、心身の健康にはよい**のです。

修行道場は冷暖房もない生活ですが、風邪でもひこうものなら、「気が抜けている証拠だ」といわれてしまうから、いつも気を引き締めていなければならない。その緊張感があるからか、体調を崩す修行僧はまずいません。

緊張感を持っているということは、身体にも心にもピンとした〝張り〟があるということ。これを失って**完全に脱力すると、身体の動き、ふるまいも、心の在り様も、**

芯が抜けてしまうのです。

ところが、**適度な緊張感を持っていると、心身ともに美しくなる。**

いたずらに「リラックス神話」に惑わされず、つねに緊張感を忘れないでいてください。

修行の原点が「坐禅」であり、「捨てる」作業だ

——坐禅をすると、自分の居場所、拠り所に戻っていける

繰り返しになりますが、**坐禅は「捨てる」作業**です。

禅に「**本来無一物**《ほんらいむいちもつ》」という言葉があります。達磨大師《だるまだいし》から六代目、禅宗の六祖となった慧能《えのう》禅師が偈《げ》の中で示したものですが、捨てて、捨てて、捨てきって、何もないのが人の本来の姿ということでしょう。

人は何も持たない裸で生まれてきて、死ぬときも何も持たずに還っていく。そのことを思うと、「なるほど、やっぱり、無一物が本来の姿なのか」と納得したような気にもなるのですが、正直なところ、それがどんな世界なのか、いかなる心境をいうのかは、依然、おぼろげです。私にもはっきりとはわかりません。

ただし、**坐禅をすることで、自分の居場所、拠り所は見つかります。**自分がいちばん落ち着ける心の置き方がわかるといってもいい。居場所、拠り所、心の置き方……？

禅宗坊主のいうことはややこしいと思いますか？

では、私自身の話をしてみましょう。修行道場から全生庵に戻ってきてから、生活がそれまでとは違ったものになったわけです。一日になすべきことが、何から何までこまかく決まっていた修行時代とはうって変わって、すべてが自分に委《ゆだ》ねられています。

「禅宗坊主は、このように毎日を過ごす、こう生きる」といった宗門の決まりなどはありませんから、どんな日を過ごそうと、どう生きようと、いいのです。極端な話、「今日はかったるいから、坐禅はやめちまおう」ということにしたって、どこからも文句は来ない。

しかし、そうはならないのです。そして、おそらく生活のどこかが、何かがおかしくなりかけているときには、ふっと「修行時代の生活に戻ればいい」という内なる声が聞こえてくるのです。

修行時代の生活の中心は坐禅です。

そこで、坐ってみる。すると、「ああ、ここだな」と感じるものがあるのです。

無一物の心境にはなれませんが、自分の考え方やふるまいのいちばん核になるところ、大本《おおもと》ともいうべき、そこに戻っていける。こう考えていたら間違いない、このようにふるまったらいいのだ、ということにあらためて思いが至るのです。

そこが、余計なものを捨てた、私の居場所であり、拠り所であり、また、そこに心があるのが、落ち着いた心の置き方でもあるということでしょう。**坐禅があるかぎり、私は「大安心」でいられます。**

もちろん、居場所や拠り所は一人ひとり違います。しかも、理屈ではない感覚的なものですから、これはもう、坐禅を通してそれぞれに見つけていただく、出会っていただくしかありません。

毎日を大切に生きることについて

――オンもオフもない。一瞬の延々たる積み重ねが、人生をつくる

「どんな生き方がしたいですか？」

そんな問いには多くの人がこう答えるでしょう。

「毎日を大切に生きたい」

非の打ちどころのない回答です。では、毎日を大切に「どう」生きるのかを尋ねたら、どんな答えが返ってくるでしょうか。きっと、口ごもってしまう人が少なくないのではないでしょうか。

毎日を大切に生きる。禅のいちばんの眼目もそこにある。そういっても過言ではありません。もちろん、「どう」と聞かれて、口ごもったりはしません。**禅の本分は実**

践にあります。

その一瞬、一瞬にやるべきことを一所懸命に、精いっぱいやる。大切に生きるとはそのことに尽きます。

朝、起きるときは起きることに一所懸命になる。

顔を洗うときはそのことに身体も心も精いっぱい投じる。

食事をするときも、仕事のときも、掃除をするときも……何もかも同じ。

遊ぶとき、酒を飲むときも、また、そうです。

好きな仕事、得意な仕事はがむしゃらにやるけれど、気が向かない仕事、苦手な仕事は適当に流している、ということではダメなのです。朝から晩まで、四六時中、〝一所懸命〟〝精いっぱい〟の姿勢でものごとにあたる。それがもっとも大事です。

なぜか。

私たちにはいつも「その瞬間」しかないからです。

過去は過ぎ去ってしまっていて、いまさらどうしようもないし、未来はやってきていないのだから、手のつけようがありません。

別のいい方をすると、過去の自分はもう死んでしまっているし、未来の自分はまだ生まれていないのです。「確かに生きている」のは、いま、その瞬間の自分だけです。

仏教には**「三世に生きる」**といういい方があって、命は、過去、現在、未来という時間に連なって生きているとされます。

しかし、その過去も、「その瞬間をどう生きたか」で決まり、未来も、「その瞬間をどう生きるか」ということにかかっています。どの時点ででも、その瞬間を疎《おろそ》かにすることは、命の連なりを疎かにすることなのです。

「一所懸命、精いっぱいといったって、オンとオフの切り替えは大切なのでは？」

確かに、オンとオフを切り替えることは、心地よく生きるための必須事項であるかのような考え方があります。しかし、私は、**「オンとオフ？　なんでわざわざ切り替えなきゃいけないの？」**と思っています。

どの瞬間も一所懸命やるのです。**精いっぱいにオンもオフもない。**もちろん、緊張を強いられるとか、余裕を持って臨めるとか、心が弾むとか、心が塞ぐとか、場面や局面の違い、やることによる違いはあるでしょう。

しかし、どんな場面でも、いかなる局面でも、一所懸命、精いっぱいやることはできます。

こんなのも困りものです。のんびりしようというときに、つい、「明日の仕事の準備は十分かな」などと考えてしまう。のんびりすることに一所懸命になっておらず、のんびりしようという、その瞬間を疎かにしているのです。〝のんびり〟も一所懸命することとです。仕事をしながら、「さぁて、きょうはどこに飲みに行くかな」というのも〝疎か組〟です。

「～だから」一所懸命やる、「～だから」気を抜いてもいい、ということではないのです。オフだろうと、オンだろうと、楽しいことであろうと、つらいことであろうと、**その瞬間やることに一所懸命になる。それを積み重ねていくことにしか、大切に生きる道はないのではないでしょうか。**

坐禅と健康の関係

――「長い呼吸」を覚えると、健康になり、心も落ち着き、自信がつく

健康のために坐禅をしているという人がいます。坐禅は健康法として成立したものではありませんが、何を思って坐禅に取り組むかは、もちろん、人それぞれでいいのです。

前にもお話ししましたが、**坐禅では呼吸を調えることがきわめて重要。**その意味でいえば、健康に寄与する部分はおおいにあります。

健康のために食事に注意を払っているという人が少なくありませんね。しかし、食事はふつう一日に三回しかとりません。食事を健康のために活かそうと思っても、その三回が限度です。

一方、**人が呼吸をする回数は桁《けた》が違います。**ふつうの状態で、一分間に一五〜一六回、一時間で九〇〇回、一日には二万一六〇〇〇回も呼吸をしている。しかも、**自分で調整できるのも呼吸の強みです。**

坐禅を三〇分すると、その間、意識的に長い呼吸をすることになります。**丹田《たんでん》を意識して長く、ほそく息を吐き、吸う。**これが坐禅の呼吸です。

長い呼吸は全身の血流を促して、細胞に栄養と酸素を十分に送り届けます。その呼吸を四五〇回繰り返すのだから、健康にいいのはいうまでもないでしょう。一時間の坐禅なら倍の九〇〇〇回、呼吸を健康のために活かせるのです。

いまは、口で呼吸をする人が多く、それがさまざまな病気の原因になっているとの指摘もあります。口呼吸では外気の中に混じっているウイルスや病原菌、有害物質がそのまま体内に取り込まれてしまうからです。**坐禅は鼻呼吸**ですから、鼻孔がそれらを除去するフィルターの役目をはたしてくれる。この呼吸の違いも、健康を少なからず左右するはずです。

ちなみに、**長い呼吸ができると、心も落ち着き、ゆったりと話ができます。**プレゼンテーションなど、人前で話をする前に坐禅の呼吸を何分間かすると、言語も意味も明瞭な聞き応えのある話ができるのです。人前で話す仕事をする方で、長い呼吸を身につけてからグンと人気が上がった例もあるくらいです。

坐禅と呼吸と「心の豊かさ」の関係

――心を動かさないのがいいことなら、人より石や木のほうが立派だ

人は不思議なものです。心が満たされて豊かなときには気にならないことが、イライラやモヤモヤがたまって心が渇いているときには、妙にカンに障ったりします。

電車内で、iPodやスマホで音楽を聴いている人は少なくない。なかには大音量にしていて、周囲に漏れてくることもあります。これがカチンと来たりする。「なんだよ、少しは他人の迷惑も考えろよ。おまえだけが乗ってるわけじゃないんだ。聞きたくもない雑音を聞かされて、ホント、頭に来る!」。それがあとまで尾を引いて、その日一日中ムシャクシャした気分で過ごすハメになる、といったこともあるでしょう。

しかし、一方でこう考えたりもします。「あんな些細なことで腹を立てるなんて、心が狭いのかな。なんか坐禅でもしたら、もっとおおらかで豊かな心になれるかもしれない」。坐禅に期待されるところは大きいのです。

しかし、残念ながら、期待には応えられません。

だいいち、腹が立って怒るのは悪いことですか。いいことがあってうれしくなることも、素敵な絵画や音楽に触れて感動することも、こみ上げてくるものがあって哀しくなったりすることも、すべて自然な心の動き。怒りだって同じではありませんか。**腹が立ったら怒ればいい。泣きたければ泣けばいいのです。坐禅をしたからといって、怒りや哀しみを感じなくなるなんてことはありません。**自然に湧いてくる感情は止めようがないし、止める必要もないのです。

どんなことがあっても、変わらないでいることが立派なら、人なんかより石や木のほうがよっぽど立派だということになる。蹴飛《けと》ばされても石は文句ひとついわないし、枝を折られたって木は嘆きもしません。

人はそうはいかない。そうはいかないから人なのです。

問題は心が動いた〝そのあと〟です。怒りの心にいつまでもとらわれてしまうから、一日中ムシャクシャということになったりするのです。

ふ〜っと吐き出す息と一緒に怒りの思いも吐いてしまえばいい。**息を吐くと身体も心もゆるむのです。固まった心から怒りを追いやるのは難しくても、ゆるんだ心からならスーッと出ていく。**

坐禅をしていると、吐く息とともに心をゆるめる、そのコツがわかってきます。ここはおおいに期待してもらっていいところです。

静かな水面に小石を投げ込むと、波紋が生まれます。心の動きもこれに似ています。何か触発されるものがあったら、動くのは当然なのです。しかし、しばらくそのままにしていると、波紋はしだいに小さく、かすかなものになって、元の静かな水面に戻ります。波紋を抑えようと手を入れたりすれば、新たな波紋をつくることにしかなりませんね。

心の動きもあるがままにしておいて、息とともに出ていくのにまかせておけばいい。どうにかしようとするから、かえって引きずることになるのです。

自分を磨く、はがす、という作業
――生きているだけで、人は煩悩という「殻」をまとう

お釈迦様のご出生時の逸話があります。誕生されたお釈迦様は七歩歩き、右手で天を指し、左手で地を指し、四方を見まわして、「天上天下唯我独尊《てんじょうてんげゆいがどくそん》」とおっしゃったというのです。

お釈迦様も人間ですから、実際にそんなことはあり得ないわけですが、この逸話が伝えられてきたことには意味があるのでしょう。「天上天下唯我独尊」という言葉をそのまま解釈すれば、この大宇宙の中で自分がいちばん尊い、ということになります。

しかし、お釈迦様がみずからの尊さを自慢げに語る、ということがあるでしょうか。

この「我」は人間すべてのこと。つまり、**人間一人ひとりはすべてかけがえのない存**

在であって、命をいただいたというそのことだけで尊いのだ、ということです。

考えてみると、人は生まれた瞬間にもっとも光り輝いているのかもしれません。成長するにつれて知識を得たり、経験を積み重ねたりするわけですが、その中で光はしだいに陰っていく。

知識や経験は生きるうえで必要なものですが、同時に殻となって光をおおってしまうものでもある、という気がするのです。**地位や名誉、財産といったものも、また、殻になるでしょう。**

坐禅はその殻をはがす作業だと考えてみてください。

修行中に師とこんなやりとりをしたことが思い出されます。

「修行って、なんでこんなにつらいことをしなければいけないんでしょう?」

「修行というのは子どもの頃に帰る作業なのだ。おまえは何十年か生きてきた。その間についた殻を一枚、一枚はがしていかんとならんのだ。**何十年にもわたって幾層にもついた殻が、そう簡単にはがれると思うか**」

その師の答えで、私は腑に落ちた気がしたのです。もちろん、そっくり子どもに帰ることはできません。知識も経験も捨てることはできない。しかし、殻になって光をさえぎってしまっている余計なものは、まだまだたくさんあるのです。

仏教では**煩悩**《ぼんのう》といいますが、**執着**《しゅうぢゃく》**や妄想**《もうぞう》**、我欲**《がよく》**や嫉妬**《しっと》**、見栄**《みえ》**や怨念**《おんねん》……など数えていたらキリがないほどです。坐禅によってそれらの殻を一枚ずつはがしていく。それが修行ということなのです。

人はよく「自分を磨く」といったりしますが、この磨くということも、はがすことにつながっています。**磨くというのは「落とす」こと**です。ついている泥や埃《ほこり》や塵《ちり》を落とす。そうすることで光ってくるわけです。

塵や埃がついているうえに〝光りもの〟を貼りつけたって、所詮《しょせん》、張りぼてでしかない。ほんとうの光はあらわれてこないのです。**自分を光らせるには、はがす作業、磨く（落とす）作業が不可欠**です。

そのひとつの実践が坐禅だということは知っておいてください。

「はい」と返事をする意味

——たった二音が、相手の気持ちを晴れやかにする

親が子どもに対してはじめておこなうしつけといったら、何になるのでしょうか。各家庭によって違いはあるでしょうが、「はい」という返事は例外なく、もっとも初期段階のしつけのひとつのはずです。

名前を呼ばれたら、何か用事を頼まれたら、注意をされたら……。まず、「はい」といいなさい、と教えない親はいません。たった二音。「ありがとう」より、「ごめんなさい」より、「いただきます」より、ずっと簡単なこの言葉が、しかし、なかなかスッと出てこない。

もっとも、家庭内では子どもは親を見習い、まねますから、責任のかなりの部分は

親にあるといえるのかもしれません。「呼ばれたら、〝はい〟というのだぞ」といいわたしていても、その本人が奥さんに呼ばれて、「あん」などと生返事をしていたのでは、「なんだ、〝はい〟じゃなくて、〝あん〟じゃないか」ということになる。親のふだんの姿、言動ほど、子どもに〝効率〟よく刷り込まれるものはないのです。

大人になってからも、心地よい「はい」をいえる人は少数派です。上司の呼びかけに対しては「はい」といっても、同僚や後輩に対してだと、「ああ」だったり、「おお」だったり。忙しかったりすれば、視線をそちらに向けるだけで返事代わりにしていることもあるのではないでしょうか。また、最近では、目上の人に対しても「うんうん」と平気で相槌《あいづち》を打つ人も増えていると聞きます。

しかし、**誰に対しても、どんな状況でも、気持ちよく「はい」といえたら、どんなに心が晴れ晴れとするか。**それは、相手を受け入れますよ、という素直な心がそこにあるからです。**相手にもその心が伝わります。だから、聞く人の耳にも心地よいので**す。

修行時代、私は師からとくにやかましくいわれました。呼ばれたらとにかく、間髪容《い》れずに「はいっ！」と大きな声で返事をしろ、と厳命されたのです。その際、師が話されたのは、おばあ様のことでした。

おばあ様は、師にこうおっしゃったというのです。

「自分の名前を呼ばれたら、すぐに返事をしなさい。その人は、最後のひと息をやっと振り絞っておまえの名前を呼んだのかもしれない。その息絶える前の最後の言葉に返事をしなかったとしたら、悔やんでも悔やみきれないことになりやしないかい」

極端な話かもしれません。しかし、おばあ様のその言葉は師の胸深くに刻まれたのです。誰も自分の名前が〝最後のひと息〟で呼ばれることなど想定してはいないでしょう。しかし、その可能性がないとはいえないことを、心のどこかにとめておくことは、大切なことのような気がします。

すると、返事が変わる。**どこでも、どんなときも、誠心誠意を込めた「はい」で応えよう**という気持ちになってきませんか。早速、いまから「あん」や「うん」を「はい」に……です。

なぜ禅問答「公案」をするのか

――決まった答えがないことを考え抜くと、素の自分が見えてくる

禅宗でも、臨済宗と曹洞宗では坐禅のしかたが違います。臨済は二人が向き合って坐禅をしますが、曹洞はそれぞれが壁に向かって坐る。着衣も、臨済は絡子《らくす》という略式の袈裟《けさ》でおこないますが、曹洞では通常の袈裟です。

いちばん大きな違いは、「公案」をもちいるかどうかです。

曹洞は「黙照禅《もくしょうぜん》」といって、「只管打坐《しかんたざ》」、文字どおり、ただ、ひたすら坐りますが、「看話禅《かんなぜん》」と呼ばれる臨済では公案をもちいます。

公案とは、いわゆる禅問答ですね。師から何か問いを与えられて、弟子がそれに答える。問答をするときは、弟子が一人ずつ師の部屋に行って、自分の見解《けんげ》（答え）を

師に伝えます。

しかし、**禅問答ですから、これだという決まった答えがあるわけではないのです。**両たとえば、「隻手《せきしゅ》の音声《おんじょう》」という白隠禅師が創作されたという公案があります。両手を打ちつけると音が出る。ならば、片手の音はどうか、聞いてこい、というのがそれです。

そんなもの、頭で考えてわかるわけがない。しかし、師に何らかの見解を伝えなければならないから、必死に考えます。**考えてもどうしようもないことを、自分をとことん追い込んで考えに考え抜く**のです。

見解を師に伝えると、それに対して師が何ごとかをいったり、いわなかったり。師がよしとすればその公案は、一応、終了となりますが、「馬鈴《ばれい》」という鈴をチリリンと鳴らされたら、まだいいたいことがあっても、部屋を出ていかなければいけません。「もっと、工夫せよ」ということです。

師は見解によって、弟子がどのくらいの修行段階に達しているかを判断する。どんな見解を出してくるかで、それを判断するわけですが、先にもいったとおり、決まりきった正解がないのですから、判断基準はひとえに師匠の「眼力」にあるということです。その眼力で、弟子の力を見抜く、ということなのでしょう。

修行僧の誰もが悩まされるのが公案ですが、私はそれが修行の「節目」になっている、と感じています。ひとつの公案が通ったら、少なからず「やった！」という喜びがあります。達成感は大きい。

ひとつ公案が通ったからといって、禅僧として一段高いところに上がったということではありませんが、その達成感が励みにもなるし、さらに修行に打ち込もうという意欲にもつながっていく。**竹は節をつくりながら、さらに上に、上にと伸びていきます。その節目の役割が公案にはあります。**

みなさんには、正解がないことを考えるなんて機会は、まず、ないでしょう。しかし、**決まった答えがないことを考え抜いていると、「素」の自分があらわれてくる。**坐禅会で公案をもちいるところは少ないと思いますが、一般の人を受け入れている修行道場などもあります。興味があったら、一度、体験してみてはいかがでしょう。

言葉の大切さ、影響力の強さについて

――一度発した「言葉」はやり直しがきかない。心を尽くして言葉を選ぶ

修行中、師に厳しくいわれたのが「言葉遣い」です。

たとえば、師に何かを聞かれて、「~だと思います」と答えると、ガツンといわれます。「思います、とは何だ」というのです。「思います」というのは頭だけで考えて**いるから出てくる言葉ではないか、なぜ、身体で確かめようとしないのだ、**というのが師匠のいわんとするところです。

「冷暖自知《れいだんじち》」という禅語があります。一杯の水がある。それが冷たいか、暖かいかは、眺めていたって、頭で考えていたって、わかりません。そこで、「冷たい(暖かい)と思います」といういい方になる。

しかし、実際に自分の手をそこに入れてみたら、冷暖はすぐにわかる。「冷たい（暖かい）です」といえるのです。身体を使えばすぐに確かめられるのに、それをしないで「思います」ですませるのは怠慢。真剣にそのこと（冷か暖かを見きわめること）に向き合っていない、ということでしょう。言葉にそれがあらわれてしまうのです。

みなさんの日常でも、「思います」という表現がよく使われていませんか。「〇〇さんに連絡とってくれた？」「とったと思います」、「企画書は水曜日に提出できる？」「できると思います」、「私のこと好き？」「う〜ん、好きだと思うけど」……。師が〝怒る〟場面には事欠きません。

また、「てにをは」もかなりいい加減に使っている。これも師匠の受け売りですが、以下の二つの句を比べてみてください。

「人の田も追ってやりたや群雀《むらすずめ》」
「人の田に追ってやりたや群雀」
「も」と「に」、たった一字の違いですが、前者は、田を荒らす雀の群を他人の田にいるものも一緒に追っ払ってあげたい、という好意、思いやりをうたったもの、後者は、大事なのは自分の田だけだから、そこにいる雀を他人の田のほうに追っ払ってやりたい、という身勝手さをうたったもの、になっています。一字の違いで、まったく逆の思いが表現されるのです。

　言葉を疎かにするとたいへんなことになります。仏教には「**十悪業**《じゅうあくごう》」というものがあります。人間が犯しやすい基本的な悪業が一〇ある。「殺生《せっしょう》（殺すこと）」「偸盗《ちゅうとう》（盗むこと）」「邪淫《じゃいん》（不倫をすること）」「悪口《あっく》（他人をあしざまにいうこと）」「両舌《りょうぜつ》（二枚舌を使うこと）」「綺語《きご》（おべんちゃらをいうこと）」「妄語《もうご》（うそをつくこと）」「貪《とん》（むさぼること）」「瞋《しん》（怒ること）」「癡《ち》（無知で愚かなこと）」がそれです。

　そのうち、前から三つは身体にかかわるもの、次の四つは口にかかわるもの、最後の三つは心にかかわるものです。これを「**身三口四意三**《しんさんくしいさん》」というのですが、**人は口で、つまり言葉によって、悪業をなすことがいちばん多い**のです。

　実際、ちょっとした言葉で家族が疎遠になってしまったり、長年の友人を失ってしまったり、恋人同士がいがみ合うようになったり、親しい人を傷つけてしまったり、ということは、少なからず、誰もが経験していることではないでしょうか。

いつだったか、国会でも首相（誰とはいいませんが）に対する質疑の中で引用されていましたが、「綸言汗《りんげん》のごとし」という格言があります。君主が一度発した言葉は、汗が二度と身体の中に戻らないように、取り消すことができない、という意味で、言葉の影響力の大きさ、言葉を慎重に選ぶことの大切さ、をいったものです。それは君主にかぎったことではないでしょう。

禅では**「不立文字《ふりゅうもんじ》」**といって、悟りというものは言葉や文字であらわせるものではないから、言葉にとらわれてはいけない、としています。しかし、それは言葉を軽んじたり、排斥したりするものでは、けっしてないのです。

言葉に心を砕き、言葉を尽くすことは、大切なのです。**そのうえで、なお、言葉ではどうしても伝わらない世界がある。それが悟りなのだ**、ということでしょう。

「しまった！」と思っても、いってしまったら、引っ込めることができないのが言葉です。ゆめゆめ、言葉を疎かにしてはならん。これも禅の重要な教えです。

腹と気

――気力を腹にためると、エネルギーとなる

坐禅では「腹」を意識します。いわゆる「丹田」ですが、ここは、**気がたまる場所、気が満ち満ちている海だということから、「気《き》海《かい》」とも呼ばれます。**

気といっても目には見えませんし、曖昧模《も》糊《こ》たるものだといってしまえば、それまでかもしれません。しかし、人は誰でもそれを感じてはいるはずです。

何ごとかをするときには、「やる気」「元気」「勇気」といった気（力）が必要になります。確かに、それが「ある」ときと「ない」ときが、実感としてある。

さて、その気の源はどこなのでしょう。先人たちは、**気は腹にたまるものだ**、と考えていたようです。丹田を気海というのも、それを証明するものといっていいでしょう。

また、日本では昔から、「あの人は腹ができている」「腹が据わっている」といったいい方をします。それぞれ、覚悟が決まっている、信念があって揺るがない、ということですが、どちらも十分な気力が備わっていなければ、たどりつけない境地。言葉からも、備わっている場所は腹以外にはありません。もっと直接的なのが、「腹が太い」といういい方です。これは度量が広いという意味。腹に気力がみなぎっているからこそ太くなる。すなわち、度量もグンと広がるというわけです。

そうした言葉の使い方からしても、どうやら、**腹に気を充満させることが、心の在り様に大きな影響を及ぼす**ことは間違いなさそうです。

事実、アスリートが試合に臨む前や、緊張する場面では、「下っ腹に力を入れろ」といわれます。そうすることによって腹の気を充実させ、心を落ち着かせて、最高のパフォーマンスにつなげるのでしょう。

坐禅をするときには、「下っ腹に息を吹きかけるように」息を吐きなさい、といった表現をすることがあります。徹底して腹を意識するのです。さあ、坐禅で「気」があふれる腹をつくりましょう。

第三章

坐禅と心

「無心」とは何か？

――人は、簡単に「無心」になどなれないが、「集中」はできる

坐禅会の参加者からこんな質問をされることがあります。

「住職は坐禅をしているあいだ、何も考えていないのですか？　無心なんですか？」

「むろん、そのとおり！」と答えれば、やはり、坐禅というものはありがたい、と思ってもらえるのかもしれませんが、現実はこんなやりとりになります。

「じゃあ、聞くけど、無心ってどういう状態をいうの？」

「それがわからないから聞いてるんじゃありませんか」

「そんなの、俺だってわからない」

「ダメだぁ、それじゃ！」

下町・谷中の寺ですから、気どったものいいはいっさいなし。坐禅会の参加者にあっさり〝ダメ出し〟されている図です。

確かに、坐禅をしているときは無心になる、といういい方がされます。しかし、私は**「これぞ、無心」という確かな状態を経験したことはありません。**坐禅は一生続くものですから、あと三〇年か四〇年、坐っているうちにはそうしたことがあるかもしれない。そのときは、また、何かのかたちで報告したいと考えています。

「無心」を理解できなければダメなのか、といえば、そうではありません。坐禅を終えたあと、「いまの坐禅、ほんとうによかったな」と感じることはあるのです。そんなときは、どのくらいの時間坐っているかも、楽だとかきついとかの感覚も、もっといえば、自分が坐禅をしていることすらも、意識されない坐禅です。最高度に集中しているときにはそんな状態になる瞬間があるのです。

よかった、と感じるのはそんな坐禅ができたとき。禅的にいえば、**身体も心も坐禅と一体になっている、**ということでしょうか。もしかしたら、それが無心ということかもしれません。もっとも、よかった、と受けとっている時点では、もう、そこから離れてしまっているわけですが……。

みなさんにも、そうしたことがあるはずです。たとえば好きなスポーツや趣味に取り組んでいるとき。時間感覚も、それをしているという意識もなく、ただボールを打っている感覚になる……といったことはありませんか。音楽を聴いているということさえ忘れて、ただただ音が身体と心にしみ入ってくる……ということはないですか。あるいは、仕事をしていても、ハッと我に返って「おっ、もうこんな時間になっていたのか」ということが……。その間、能率は最高レベルに上がっているのでは⁉

全身全霊を傾けてひとつのことに集中している瞬間が続いたら、とてつもないことができそうです。しかし、集中力には限界がありますし、ましてや「我を忘れる」ほどの集中力が発揮されることは、そうザラにはないでしょう。

しかし、**坐禅にはそういう「究極の集中力」を引き出す力がある**のではないでしょうか。まず、坐禅で一度その瞬間を体感する。すると、身体と心がそれを覚えていて、いろいろな局面で同じことが起きやすくなるのだと思います。

それは、これまで坐禅をする人と数多く接してきた私のほぼ確信になっています。

「正しい」とは何か？

——禅には悪も善もない。えり好みをしなければ、悟りを開ける

人は、**自分の発言や行動が「正しい」か「正しくない」か、無意識のうちに判定していることがあるでしょう。**

すでにおこなったものについては、正しかったら胸をなで下ろし（胸を張ることもあるし）、正しくなかったら反省することにもなるわけです。

これからしようとしていることについては、正しい、正しくない、の判定を出して、実際におこなうか控えるかを決めることが多いものです。

「あの場面ではあのようにしてよかったんだ（ああしてしまったけど、ちょっとまずかったかなぁ）」

「彼にはこういってあげるべきだな（こんなことをいうと傷つけてしまうかな）」

といった具合です。判定基準になるくらいですから、「正しさ」というものは相当に確固たるものらしい。

でも、ほんとうにそうでしょうか。

私はその「正しさ」に疑問符をつけてみたいのです。

正しいか、正しくないかを判定するとき、その根拠になるのは、それまで自分が経験してきたことによる選別です。いわゆる経験値と呼ばれるのがそれ。それだけではありません。学校や家庭、社会生活の中で教えられてきたこと、書物などで学んだこと、また、世間の常識というものもそこに加わります。

そうしたものがないまぜになって、「正しい」と判定される。しかし、経験値も、教えられてきたことも、学んだことも、人によってそれぞれ違う。それこそ千差万別です。「世間の常識」は、いいか悪いかはともかく、その時代に生きる人たちにおおよそ共通しているとしても、ほかの要素は大きく違っているわけです。

そんな中で「正しい」と判定されたものが、絶対的に〝根拠あり〟といえるでしょうか。それは「自分だけの正しさ」でしかありません。ほかの人が、あなたが正しいと思っていることを「正しくない」と判定したとしても何の不思議もないのです。

ここはぜひとも押さえておく必要があります。つまり、正しさとは、自分だけの正しさでしかなく、根拠もあやふやなものである。だから、自分の正しさにはもっと〝謙虚〟でなければいけない。そう胸に刻んでおくことが大切です。

もちろん、人は自分だけの正しさにしたがって発言したり、行動したりする以外にはないわけです。しかし、それを絶対的なものだとするのと、謙虚さを持って受けとめていくのとでは、天と地ほどの差がある。

絶対的なものだと考えたら、それに呪縛されることになります。縛られるのだから、これはけっこう窮屈で苦しい。

その呪縛から解き放ってくれるのが坐禅です。「捨てる」ことを体得するのが坐禅だという話は、再三繰り返してきましたが、捨てるというのは、手放すことです。呪縛を手放せば、そこから解放される。

禅に、「至道無難《しどうぶなん》、唯嫌揀択《ゆいけんけんじゃく》」という言葉があります。悟りは難しいことではない、

ただ、えり好みをしなければいい、という意味です。**善と悪、正と邪、という区別をしないのが禅の世界です。**

自分だけの「正しい」「正しくない」というところから、ひとときでも離れてみませんか。

自由とは何か？

――自分自身の「心」をやわらかくすることから始まる

自由ということについて考えてみましょう。みなさんは自由にどんなイメージを持っていますか。

何か自分を抑制するもの、束縛するものから解放される。――ふつうは、それを「自由」といっているのではないでしょうか。

子どもの頃なら、干渉しすぎる両親であったり、校則にうるさい学校であったり、あれこれ指図する友だちであったり。成長したらしたで、会社や家庭、人間関係、社会のルールといったものが、抑制や束縛を強いるものになります。

いずれにしても、「～からの自由」というイメージです。

しかし、「自由」という字を見てください。「自（分）」に「由《よ》（る）」と書くのです。由るの意味は、頼みとするということですから、自分を頼みとするのが、本来の自由ということになります。

何か相手がいるわけではないのです。**自由であるかないかは、自分自身に委ねられた問題**だということでしょう。

自分の足でしっかりと立つ。**経済的にも社会的にも、自立するということが自由の前提**です。頼みにするべき自分がふらついていたのでは、自由も何もあったものではない。

そのうえで、「自分の心」を頼みとして生きる。

先にあげた諸々のものを、抑制や束縛と受けとっているのは心です。心が「これは煩わしい」「あれはやっかいだ」と感じる。しかし、もし、その心がもう少しやわらかくなったらどうでしょう。硬い床に鉄のボールを落としたら、その跡がクッキリとつきます。一方、柔軟性のある素材の床は、それをやんわりと受けとめ、跡も残さず元に戻るのではありませんか。

やわらかい心は、煩わしさもやっかいも、ふんわり受けとめてくれるのです。もちろん、世の中で生きている限り、抑制されている思いや束縛感がまったくなくなることはないかもしれません。しかし、それらは心が変わることで、格段に軽減されます。

そんな心なら、十分、生きていく頼みになりますね。

「柔軟心《にゅうなんしん》」という禅語があるくらい、禅はそのことを大事にしています。坐禅は心をやわらかくするものでもあるのです。

〝心の現代病〟はどう治すか？

――迷いや不安から抜け出るためには、基本に立ち返ること

かつての日本では、どの家庭にも仏間（神棚を奉ってある部屋のこともあります）というものがありました。そこは、永々と命をつなぎ、現在の自分の命を与えてくれているご先祖様に敬意と感謝をあらわす場所でした。

朝夕、家族はそれぞれ仏壇の前に坐って光を灯《とも》し、合掌してその思いを伝えたのです。祖父母世代、親世代、子ども世代という三代が同居しているのが一般的だったその頃、子どもたちは幼い時期から、祖父母や親のふるまいを見て、見よう見まねで、仏壇の前でおこなうべき所作を身につけ、同時に敬意と感謝の心を育てていったのでしょう。

また、仏間はご先祖様と語らう場所でもありました。心に迷いや悩み、不安を抱えているとき、自分を見失いそうなとき、ひどく落ち込んでいるとき、家族は仏間に行き、ご先祖様にそのときの思い、胸の内を語りかけたのではないでしょうか。

そして、ご先祖様の声ならぬ声を心で聞いた。それが大きな支えになっていたであろうことは、想像に難くありません。**仏前に坐っている時間の中で、家族は自分と向き合い、見つめ直し、迷いや不安から抜け出る道筋を見つけ、本来あるべき自分に立ち戻っていったの**でしょう。

時代が大きく変わったいま、家に仏間があるという家庭はどのくらいあるでしょうか。歴史や伝統、風習といったものが受け継がれている地方にはまだまだ残っていますが、都会生活では、住宅事情もあって、仏間なんてまずない。仏壇を置いている家庭も、かなり少なくなっているのでしょう。

その意味では、**現代人の多くは「自分に立ち戻る場所」を失っている**のです。そのことが、不安や悩みの蔓延《まんえん》、自信の喪失ということに象徴される、いってみれば〝**心の現代病**〟の遠因になっているのだという気がします。

自分に立ち戻る場所とは、すでにお話しした「拠り所」であり「居場所」です（90ページ参照）。家庭内で失われたそれは、**自分の内に見つけるしかありません。**坐禅が、そのためのきわめて有効な方法であることも、そこでお話ししたとおりです。**坐禅をすることで「拠り所」「居場所」を見つけておくことには大きな意味があります。**

そこにいる自分がもっとも自然な自分、素直な自分、つまり、あるべき自分の姿だからです。

坐禅を通して見つけた「居場所」に、坐禅をしたらいつでも戻れる。そして、そこで、あらためて、**あるべき自分に立ち返る**ことができる。

アスリートは誰でもスランプに陥ります。そのとき、そこから抜け出すためにおこなうのは、新たな技術を身につけることではありません。自分の原点、自分にとっての基本に立ち返ることです。崩れたバッティングフォームも、なえてしまった闘争心も、**基本に立ち返ることなしには、修正できない、甦《よみがえ》ることがない、**のです。

心の世界も同じことです。いったん自分の居場所に戻って、あるべき自分（原点）

に立ち返らなければ、不安や悩みを断ち切ることはできないし、閉塞状況を突き破ることもできないのです。

坐禅をしたからといって、何か特別なものが得られるというわけではありません。自分に立ち返ることができるだけです。しかし、**そこからしか新しい一歩は踏み出せないことも**、また、確かなことなのです。

心がキレる、心が折れる、とは？

――〝長い呼吸〟で、負担のかかりすぎた心を、ゆるめ、溶かせばよい

「キレる」という言葉はいつ頃から使われるようになったのでしょう。若年者による不可思議で不条理な事件などが起きると、決まって持ち出されるのが「最近の若者はキレやすい」というフレーズ。キレるというのは心がキレるということなのでしょうが、では、心がキレるとはどういうことなのでしょうか。

「心が折れる」という表現もあります。「最近、つらいことばかりで心が折れそう」といった使われ方がよくされています。では、こちらはどういうことをいうのか。

私は、そもそも**かたちがない心がキレることも、折れることもない**、という考えですが、そのうえで少し考えてみると、こんなことかなという気がします。

心が張り詰めた状態にある。喩《たと》えていえば、弦楽器の弦をギリギリまでピンと張ったような感じ。こんな状態だと、衝撃に弱い。ちょっと力が加われば、衝撃を受けたら、プツンと切れてしまいます。

つねに張り詰めている心にも、ちょっとした刺激で同じことが起こるのでしょう。プレッシャーを受けて自分を失ってしまったり、たまったうっぷんに耐えられなくなって、一気に爆発させたり……。心がキレるとはそういうことではないでしょうか。だったら、ゆるめればいいのです。弦にゆるみがあれば、少々の力や衝撃が加わっても、切れることはありません。**心だってゆるめれば、さまざまな刺激に対しての耐久性が増す**のです。

「柳に雪折れなし」という言葉があります。柳は微風がそよいでも揺れて、どこか頼りなげにも見えます。しかし、雪が降り積もっても折れることはない。しなやかなゆるみで耐えきってしまいます。

「自分は正しいのに、まわりがわかってくれない」「努力を評価してくれない」「あんな生き方はおかしい」「こう生きなくちゃいけない」……。そうした思い込みは、心を張り詰めさせるひとつの要因です。張り詰めることで、思いにそぐわないことを撥《は》ね返そうとするのです。しかし、**世の中、そぐわないこと〝だらけ〟ですから、撥ね返そうなんてどだい無理な話**なのです。耐えきれなくなって、〝キレる〟のは、必定といってもいいでしょう。

折れるのは心が固まっているから、ということでしょうか。怒りで固まり、哀しみで固まり、うれしくて固まり、苦しくて固まり。とにかくギュッと固まってしまっている。

心はしばしば水に喩えられます。「水は方円の器にしたがう」という言葉があるように、水は四角い器に注げば四角くなるし、丸い器に入れたら丸い姿になります。本来、心もそうした自在さ、自由さを持っているのです。

ところが、水が固まって氷になると、それらが失われます。器にしたがって自在に、自由に姿を変えることができない。無理に押し込もうとすると、壊れてしまうわけです。心が折れるというのは、固まった心が、周囲の状況や事態に対応することができず、それを受けとめられなくなる、ということでしょう。

固まっていたら、溶かせばいいのです。

もっとも、いきなり〝ゆるめる〟〝溶かす〟といっても、その手立てが見えないかもしれません。そこで坐禅。**坐禅によって、姿勢を調える、静かに坐る時間を持つ、呼吸を正しいものにする（とくに長くゆっくり息を吐く）。そのどれもが、心をゆるめること、溶かすことに、つながっている**のです。

禅宗坊主が坐禅を語れば、どうせ身《み》贔屓《びいき》になるだろう、と受けとられるのも致し方なし、です。ならば、話半分と思ってもらってもいい。そのうえで、一度くらい、坐禅をする時間を持って、心がゆるむ、心が溶けていく、その実感をみずから味わってみませんか。

人には忍耐が必要だ
——結果的に、生きるのを楽にしてくれるもの

現代人がいちばん苦手なものといったら、どんなことを思い浮かべますか。忍耐だと思いませんか。とりわけ若い世代の人たちは、これがめっぽう苦手で嫌いなのではないでしょうか。

かつて、「人間辛抱だ」というCMコピーがありましたが、辛抱もがまんもしたくない、というのが、彼らの偽らざる本音に見えます。その背景にも「固まった心」がある。「自分が、自分が」というところで固まってしまっているのです。

幼い頃から、好きにしなさい、思うようにしたらいい、といわれ続けてきた。個を認め、尊重するという風潮の中で、子どもたちはのびのび育ってきました。少子化が

進んで、兄弟姉妹のあいだでもまれることもありません。もちろん、のびのびはいいのですが、それが、同時に、すべて自分中心にものごとを考える心も育ててきたとはいえないでしょうか。

高校、大学を卒業して就職しても、すぐに辞めてしまうという昨今の傾向も、それを反映しているかに見えます。辞める理由は、「思っていたところと違う」であったり、「こんなはずじゃなかった」であったり……。

こうだと思い込むのも、こんなはずだと決めつけるのも勝手ですが、**社会が二十歳《はたち》前後の若者の「思うとおり」に動いているわけはないし、**「そんなはず」で進んでいる道理がないのです。

しごく当然のことなのですが、そこにぶち当たったとたん、自分が否定されたと感じ、「辞ぁ〜めた」となってしまう。**固くなった心には、受けとめる柔軟性がない**のです。

結婚にしても、同じ理由で簡単にご破算にしてしまったりします。生まれたところも、育った環境も、積んだ経験も、得た知識も、まったく違う男女がひとつ屋根の下で暮らすのですから、「おい、おい、違うだろ」「うそ、あり得ない」ということがあって当たり前。おたがいが思ったとおりの人だった、ということになるなんて、きわめつきのレアケース、奇跡のようなものです。**おたがいが、辛抱、がまんの中で、少しずつ折り合いをつけていく**、というのがごくふつうの結婚でしょう。

人には忍耐が必要です。辛抱、がまんの経験を少しはしたほうがいい。修行道場では、夏に坐禅をしていると、蚊が飛んできて顔といわず、手といわず、止まります。しかし、坐禅をしているときは動けません。払いのけることができない。そこで師のひとことがあります。

「おまえたちは、ふだん他人様《ひとさま》のお布施で暮らしている、生かしていただいているのだから、蚊にお布施をしていると思え」

その辛抱などたいしたことではありませんが、**坐禅そのものにも、忍耐の修行という側面があります**。三〇分、一時間と坐禅をするのは、体力的にもしんどいし、心もきついのです。それをまっとうすることで、辛抱、がまんが確かに学べる。忍耐力がついていきます。

人が生きていくあいだには、何度となく忍耐が必要になる場面に遭遇します。そこでしっぽを巻いてへたり込んでしまうか、耐えてしのいでいくか、それが人生を大きく分けるのではありませんか。辛抱、がまんの身体と心、鍛えてください。

結果的に、**がまんのできる心身は、生きるのを楽にしてくれます。自分自身の柔軟性の大きさになっていくからです。**

「心を配る」ことについて

——自分がすることすべてが修行だと思うと、ものの見方が変わる

禅の修行僧のことを雲水《うんすい》といいますが、その修行期間は最低三年間とされています。しかも、その間は修行道場で寝起きをする「合宿」生活です。実家の寺から修行に通うことは許されません。

坐禅の坐り方を学んだり、葬式や法事などの儀式的なものの手順や方法を覚えるということなら、通いだってかまわないじゃないか、ということになる。実際、寺の住職としておこなうのは、それら〝通い〟でも身につくことです。

しかし、まるごと身を修行道場に置くことが、じつは大切なのです。前にもお話ししたように、禅では行住坐臥の一切合切が修行です。一日中、**自分がすることで、修**

行じゃないものは何もない。立ち居ふるまいのすべてが修行なのです。

それを身をもって知り、実践していくには、修行道場という環境にいることが不可欠。言葉を換えるなら、何ひとつ手を抜けない場が必要ということです。

手を抜かない、ということは、そこに「心を配る」ということです。それが修行ということでもあります。

朝、起きるときは、起きることに心を配る。経を読むときは、経を読むことに心を配る。飯を食うのも、掃除をするのも、托鉢をするのも、寝るのも……。すべてそのことに心を配るのです。

ふつうに日常生活を送っていたら、起きることに心を配るということは、まず、ないといっていいでしょう。「ああ、もう起きなきゃいけないのか。蒲団《ふとん》の中はあったかいな。もう、一〇分、いや、五分、このままにしてよっと……」。寒い季節の朝は、おそらくそんなふうにして始まる。

「起きる」ことに心を配るどころか、もう少し「寝ている」ことに心が向けられています。朝食をとっているときだって、「やばい、こんな時間だ。もう出なきゃや、バスに乗り遅れる」といったことになりませんか。心は食事そっちのけで、家を出る時間に占領されています。

「喫茶喫飯《きっさきっぱん》」という禅語がある。お茶を飲むときは、お茶を飲むことだけを、飯を食べるときは、飯を食べることだけを、しなさい、という意味です。「心を配る」ということに結びつければ、**そのときやるべき当たり前のことに、そのことだけに、心を配りなさい**、ということでしょう。

実際のところ、これがなかなかできない（前述したとおりです）。修行道場では、起きる合図の音《ね》（振鈴《しんれい》）や太鼓（法鼓《ほっく》）が打ち鳴らされたら、ただちに起きて身繕いをし、本堂に駆けつけなければなりません。余計なことを考える余裕がない。起きることだけに専念する、そこに心を配ることでいっぱいいっぱいなのです。

読経も、食事も、掃除も、托鉢も……何もかもが、心を配ることでいっぱいいっぱいになるのが、修行生活だといってもいいでしょう。

三年間、来る日も来る日も、そうしたことを続けると、何をするときも自然に心を配れるようになる、いや、それはいいすぎかもしれません。**心を配るという思いを持**

って何ごとにも向き合えるようになる、ということです。そこが、〝通い〟との決定的な違いです。

修行道場と日常の生活とは違いますが、「心を配る」という思いを持っていると、ものごとに対する向き合い方、ふるまい、所作が変わってきます。ぜひ、試みてください。

「不動心」とは

——動かない心、ということではない

「不動心」ということに憧れを持つ人は多いようです。「動かない心」というものに心惹《ひ》かれ、それを手に入れたくて、坐禅をしているという人もいるでしょう。

人生は日々の経験の積み重ねですが、人が味わう経験はまさに千変万化します。天にも昇るような気持ちになることもあれば、奈落の底に沈むような思いにさせられることもある。その中にあって、**どんなことに出会っても、どっしりと安定した心でいたい。**その思いが不動心という言葉に惹かれる理由でしょう。

では、動かない心とはいったいどのようなものでしょうか。大地に深く根を張った大樹のように、風が吹こうが嵐にさらされようが、ビクともしない心だと思いますか。

そうではないのです。

心と身体がつねに一体となっている。それが、不動心です。

身体というのは行動や所作を起こす器です。そういう身体と心が離れていなければ、いつも心は安定しているのではないでしょうか。

ニューヨーク・ヤンキースを皮切りに、米メジャーリーグの何球団かで活躍した松井秀喜選手には、その名も『不動心』というタイトルの著書がありますが、豪快なホームランに象徴される彼のプレーもさることながら、試合後のインタビューが、私には印象的でした。

試合で大活躍したときも、まったくふるわなかったときも、松井選手は記者団に、言葉を選びながら、じつに丁寧に真摯に答えていた。試合でホームランを打てば喜びがあふれたでしょうし、打撃不振で、おまけにエラーまでしたといったときは、歯ぎしりするほど悔しい思いにもなったはずです。

しかし、どのプレーも心と身体が一体だった。ホームランを打ったときも、三振をしたときも、その行動（プレー）はいつも心とともにあった。つまり、**心を込めてホ**

ームランを打ち、心を込めて三振していたのです。だから、喜びにも悔しさにも、いたずらに心が振りまわされることがなかったのでしょう。

そして、インタビューを受けるときも、そこに心と身体が一体となった姿がありました。インタビューを受けながら、心では試合での腑甲斐ないプレーを悔やんでいたら、質問に答えるという行動とは別のところに心があったら、対応がなおざりなものになったり、怒りを含んだものになったりすることもあったはずです。あのような心のこもった受け答えはできなかったと思うのです。

松井選手と個人的なつきあいがあるわけではありませんから、実際の彼がどんな人柄なのかはわかりませんし、ましてや坐禅の経験があるかないかなど、知るよしもないのですが、少なくとも、映像で見るかぎり、確かな「不動心」の持ち主、と私には映りました。

不動心とは、心を動かさないで行動することではありません。どんな行動をしているときも、そこに一体となっている心があることです。

第四章

禅と実践

言葉を発していないときも、人は無言ではない

——浮かんだままを言葉にするのは、怠惰そのもの。一度心にとめてみる

修行道場に入門する際、最初に味わう〝苦しさ〟は何だと思いますか。

質素な食事だと考える人が少なくないかもしれません。確かに、修行中の食事は質素です。食べたいものをたらふく食べることができる現代において、野菜類ばかりの精進料理で、しかも、少量しか腹に入らないのは、苦しいことには違いありません。

しかし、**いちばん苦しいのはしゃべれないこと**です。

入門時には、まず、二日間玄関に坐らされます。それが終わると、今度は玄関の隣の小さな部屋に入れられて、朝から晩まで坐禅です。それを三日か四日、長ければ一週間続けなければなりません。そこを経て、はじめて修行道場に入門させてもらえる

のです。その間はずっと無言。ひとこともしゃべれない。そんなに長い時間しゃべらないでいることは、それまでの経験ではなかったことですから、これがしんどいのです。人には「おしゃべり欲」というものが確実にあることを思い知らされます。入門前のこの〝苦行〟には、言葉の大切さを身をもって感じさせるという意味あいもあるようです。**言葉を発していないときも、人は無言ではありません。頭の中にはつねにさまざまな言葉が飛び交っています。**

しゃべらなくても、思いが言葉になってあらわれ、考えが言葉として湧き上がってきます。ふだんであれば、たいして抵抗もなく、頭に浮かんだことを口にしてしまう。ところが、しゃべらない（しゃべれない）でいると、言葉になった思いや考えに対して、チェックシステムが働くのです。**「この思いを伝えるのに、ほんとうにこの言葉でいいのだろうか」「この考えを表現するのに、もっとふさわしい言葉はないか」**。文章の推敲《すいこう》ならぬ、言葉の推敲です。

そして、言葉の重要さに気づく。**言葉はもっと大切に扱わなくちゃいけないな、**という気持ちになるのです。修行中に師を相手におこなう問答では、いっそうその気持ちが強まります。

師の前に行ったら、何か言葉で伝えるか、行動で示すかしなければなりません。

といっても、もともと決まりきった答えがないのが公案です。だからこそ、これぞという言葉を自分なりに見つけようとする。言葉を、もうこれ以外にはない、というところまで見きわめるわけです。しかし、師にそれを伝えると、にべもなく「もっと言葉を練ってこい」と突き返されます。

練りに練り、さらに練り上げても、まだ十分ではない。言葉とはそこまで細心の注意を払って使うべきものだ、ということでしょう。**浮かんできたまますぐ口にするなんて「とんでもない！」**のです。

しかし、人はそのとんでもないことを、日常的に安易にしている。政治家の舌禍事件を喩えにひくまでもなく、たったひとことで、人間関係を壊したり、人生を棒に振ったりしていることがザラにあるのではないですか。

口にする前にひと呼吸して、チェックシステムを働かせる。言葉はそう扱うものではないでしょうか。

死を知ることの大切さ

――老いも死も病も、現代人の生活から遠のいている危機感

現代人の感覚から遠くなっているものに「死」があります。

いじめによる自殺問題が報じられるたびに、自殺者のもとには、生前「死ね」という文字が大量に連ねられたメールが何度も何度も送られていた……といった事実が明るみに出たりします。本来、他人に「死ね」なんて安易にいえるものではありません。死というものの実感が薄いからでしょう。

バーチャルな世界では、リセットさえすれば、簡単に死からも甦ります。いまは子どもの頃から、みんながゲームを通してそんな世界にひたりきっている。そうした現実も、死の実感が持てなくなる背景になっているのでしょう。

総じて死が身近にないのがこの時代です。親を看取《みと》るといっても、病気になれば病院へ、老いが進めば施設へ、という選択が主流。病院や施設から〝緊急の報〟が入って、病床へ駆けつけ、臨終に立ち会うのが看取ることになるでしょうか。

大家族で暮らしていた昔は、病気も老いも家族が受けとめ、看病や介護をするのが当たり前でした。そうして**病人や老人に寄り添いながら、家族がともに最期のときを迎えた**のです。それが看取るということであってほしいし、あるべきです。

老、壮、少、がともに生きていたその時代には死は身近にあった。死ばかりではありません。病気になるということ、老いるということも、家族それぞれが身近に感じていたのです。

お釈迦様は「生」「老」「病」「死」を、人が逃れることのできない四つの苦しみ、「四苦」といいました。老いも、病も、死も、いつか誰もが経験するのです。

人生の先輩でもあり、先にその経験をすることになるであろう、祖父母や親の姿から、それらを実感として知っておくことが大切なのではないでしょうか。

私は**葬儀のとき、「必ず、お子さんを連れてきてくださいね」**とお願いしています。

なかには、「焼かれて骨になるところなんか見せられない」という人もいますが、いずれその子も行く道なのです。

老いも、病も、死も、実感を持って感じられる。それが、人が生きていくうちのどこかで、きっと支えになるはずです。

「死にたい」というのは甘えである

――自分のこともわからないのに、人にわかってもらえると思わないこと

人はいつ死ぬかわかりません。東日本大震災のように、天変地異が、突然、命を奪うかもしれないし、何の前ぶれもなく事故や病気に襲われるかもしれない。その〝とき〟がわかっているのは、神様、仏様だけなのでしょう。だから、命が与えられている時間を「天寿」というのです。

命が尽きるまでは、それぞれに生きて、天寿をまっとうすればいい、と思うのですが、ときに人は「死にたい」などといいます。

もちろん、いじめ、経済問題、健康問題、恋愛沙汰……と諸事情はあるのでしょう。実際にみずから命を絶つ人が数多くいるわけですし、他人には窺《うかが》い知れない切実な思

いえません。

いも状況もあるはずですから、わかったような顔をして、死ぬのは間違っているとは

しかし、誤解を怖れず、禅宗坊主の看板を外して、私自身の考え方をいえば、「ほんとうに死にたいのなら、一人で死んでください」というのが正直なところです。何も他人様に向かって「死にたい」ということはない。

「死にたい」という言葉の裏には、「こんなに深く悩んでいる私を、耐えられないほど苦しい立場にいる私を、わかってほしい、なぜ、わかってくれないの」という思いがあるのではないですか。

あえて冷たいいい方をしますが、そんなものはわかるわけがないのです。

自分でも自分のことがわからないのが人間です。だから、何とかわかろうとして生きている。

それを、「他人がわかってくれないから、生きているのが嫌だ」などというのは、甘えでしかありません。生きたいという情熱も気力もあふれるほどあるのに、病気などでどうしても生きられないという人が大勢いるのです。

人は労して功なし。

自分のしたことが報われることなどない、と受けとめていたほうがいい。悩みが深くても、耐えられないほど苦しくても、ズタズタになっても、生きませんか。命はその力を持っています。

一〇年の修行の意味

――自分で大きな変化は感じられなくても、真剣に続ければ、確実に周囲が変わる

私が大学を出て修行に入るときに父がいったのは、次のひとことでした。

「とにかく一〇年、修行に行ってこい」

そのときの私には、父の言葉の意味がよくわからなかった。頭に浮かんだのは、「一〇年？　長《なげ》ぇなあ」という思いでした。静岡県三島市の龍沢寺に入って四年目、父の死で私は寺に戻ってきました。

当時、全生庵には中曽根康弘元総理をはじめ、政財界の要人が坐禅に来ておられた。父の跡を継いだ、にわか仕立ての住職の私に、そうした人たちへの対応が求められました。私はめいっぱい力こぶを入れ、〝一丁前〟に話をしていたのです。

しかし、経験がないから実感のある話などできません。あれやこれや書物で読んだこと、頭に詰め込んだ薄っぺらな知識を借りるしかなかった。そんな借り物の言葉が上滑りしていることは、自分でもわかります。

これはかなりの自己嫌悪でした。「もう、ダメだ。このままだったら自分がもたなくなる」。そう思い、私は修行道場に帰りました。そして、父のいったとおり、修行道場で一〇年過ごさせていただきました。それから寺に戻ってみると、不思議と周囲の空気が違っていたのです。

一〇年間坐禅をしたからといって、とくに自分自身が何か変わったな、という感じはありませんでした。新しくできることが増えたわけでもないし、もちろん、人間の器が大きくなったなどという、大それた思いもありませんでした。

しかし、空気は確かに違うのです。私がいわないでもまわりの人たちが必要なことをしてくれる、私の話を真っ正面から受けとめてくれる、私に向けられる表情が以前とはまったく変わったものになっている……。周囲のそんな変化の中で、私は父がいったことの意味が、ようやくわかったような気がしたのです。

理屈も能書きも措いておいて、一〇年間修行をしてみろ。

一〇年坐禅をやったからといって、目に見えて自分が変わるものではないし、何かを得られるというものでもない。しかし、一〇年間坐禅をやったら、やっただけのことはある。修行というのはそういうものなのだ。父が私に伝えたかったのはきっとそんなことだったのだ、といま考えています。

時代のスピード感が増しているいま、それに合わせてか、何かにつけて〝決断〟が速くなっている気がします。諦めがよすぎやしませんか。

「三カ月この仕事を続けているのに、ちっとも芽が出ないなあ」

「一年がんばったけどものになりそうもない。これって俺には向いていないんだ」

そんなふうに何でもあっさり諦めてしまう。芽が出ているかいないか、それが自分に向いているかいないか、などそう簡単にわかるものではないのです。

一〇年坐禅をしても「おお、ここが変わったぞ！」といった、めざましい変化が実感できなかった私がいうのだから間違いない。

しかし、周囲は見ています。まわりの人は感じています。一〇年ひとつのことを一所懸命やったら、必ず、「その道」にいるあなたをみんなが認めてくれます。そこにあなたの足跡が刻まれる。やっただけのことはあるのです。

師の大切さ、必要性

――迷ったとき、先が見えなくなったときに、人生の指針を示してくれる存在

みなさんは、近くに「リスペクト」している人はいますか。おそらく、何人かはいるはずです。仕事の能力をリスペクトしている先輩、豪放磊落《ごうほうらいらく》なところをリスペクトしている上司、人柄のよさをリスペクトしている友人……。もちろん、尊敬に値する人が周囲にいることは、人生の潤いであり、生きる喜びにもつながるでしょう。

しかし、その人の全人格、生き方、まるごとを尊敬してやまない、という存在、……いってみれば、「師」と呼べる人はなかなかいないのが実情ではないでしょうか。

「大家といえば親も同然、店子《たなこ》といえば子も同然」という言葉があります。幾時代か前は、少々、口はうるさいが、何かあれば親身になって相談に乗り、損得抜きで手を

差し伸べてくれる、長屋の大家さんがその任を担っていたのかもしれません。当時は寺の住職も、地域の人びとにとって同じような位置にいたのでしょう。

私は二五歳で父を亡くしましたから、その後は修行道場の師が、文字どおり、人生の師でした。その師がいてくださるから、安心して生きていられる。いつでも自分の生き方、あるいは心の持ち様を相談できる。私にとって師はそんな存在でした。ありがたかった。幸せとも感じています。

師は私が四〇歳のときに他界しました。死の直前まで、師は毎月二八日に私の寺の坐禅会に来ておられました。二〇〇七年暮れの一二月二八日、いつものように坐禅会をされて、帰られるとき、「お正月にご挨拶にまいりますね」と申し上げると、「そうか。しかし、きょうはちょっと足がしびれた。何十年ぶりかな」とおっしゃいました。

亡くなられたのは翌日でした。その報に接したとき、私が思い出したのは師と最後に交わしたこんな会話でした。

「いつでもいてくださるのでありがたいです」

「おまえはいくつになった」

「四〇歳になりました」

「いつまでも頼るな」

遺言だと思っています。その後は、もう、直接お会いすることも、お話をすることもできませんが、私の中での師の存在は変わることはありません。**何かにつけ、師を思うと、その言葉や姿勢、ふるまいが、私に答えをくれます。**人生の指針を示してくださいます。

　みなさんを取り巻いている人間関係と、禅僧の師弟関係は、同じようには語れません。しかし、親でも兄弟姉妹でも、友人でも、仕事のうえでの上司でも先輩でもいい。まるごとその人の懐に飛び込めるような誰かがいるということは、とても大切なこと。

　禅では修行僧を雲水といいます。これは「行雲流水《こううんりゅうすい》」という言葉から来たもので、風にまかせて行く雲、流れる水のように自由で、こだわりのない心のことです。その境地を求めて、雲水は各地を行脚《あんぎゃ》したのです。それは師を求める旅でもありました。

　いまはまだ出会っていなくても、**師を求める気持ちを忘れないでいてください。**そうすれば、いつか、必ず、出会いがあります。

「学ぶ」とは「まねる」こと

――始まりは「まね」でも、続けていれば自分のスタイルになる

坐禅をしてみたい、坐禅を学びたい、という人はすぐに坐禅会や坐禅道場に行けばよい、という話はしました。そこには長年修行を積んだ禅僧がいて、正しい坐禅のかたちを指導してくれるからです。また、目の前に〝お手本〟がいることで、それをまねることができる。自己流ではこれができません。

「学ぶ」の語源は「まねぶ（まねる）」にあるともいわれています。まねるは漢字で書くと「真似る」ですから、「真」に「似せる」こと。**真（正しいこと、正しいもの）に似せるのが、まねることであり、また、学ぶということ**なのです。

これがおこなわれているのが職人さんの世界です。職人の親方は弟子に手取り足取

り教えるようなことはしません。ただ、自分の姿を見せる。弟子はそのまねをしながら、ひとつずつ技術を身につけていくわけです。

なかには、「人まねなどまっぴら。自分のスタイルを確立しなきゃ、意味がない」と考える人がいるかもしれません。臨済宗と同じ禅宗である曹洞宗の大本山永平寺の貫首《かんじゅ》をつとめておられた宮崎奕保《みやざきえきほ》老師は、ＮＨＫの番組に出演された際、こんな話をしておられました。

「人間はまねをせないかん。学ぶということは、まねをするというところから出ておる。一日まねをしたら、一日のまねや。二日まねして、それでまねせなんだら、それは二日のまね。ところが、**一生まねしておったら、まねがほんまもんや**」

小手先だけまねるというのは、確かに人まね、いや、そこまでいかない猿まねでしょう。しかし、**腹を据えてとことんまねれば、まさにそれが学ぶことになって、やがては自分のほんもののスタイルにもなる**のです。

さあ、おおいに禅僧をまねてください。そして、まねることが学ぶことだという、確かな感触を身体にも心にも刻んでください。

かたちから入ることの大切さ
――アスリートも、フォームを調えるとメンタルも調ってくる

坐禅では、まず、姿勢を調え、呼吸を調え、そこから心を調えることにつなげていきます。はじめに姿勢があるのは、それがいちばん調えやすいということもありますが、じつはもっと深い意味があるのです。

姿勢はかたちです。考えてみると、**日本に伝統的に受け継がれている茶道でも、華道でも、あるいは歌舞伎や能などの芸能でも、かたち（形）を非常に重んじています。**相撲も最初に四股《しこ》や鉄砲というかたちを徹底的に叩き込まれますね。

それは、かたちを身につけることに基本があるからです。**進化も発展も、かたちを礎《いしずえ》にしないかぎりあり得ない**からです。

みなさんは、米ニューヨーク市の地下鉄が、以前は落書きだらけだったことを知っていますか。車両だけでなく、ホームの壁といわず床といわず、極彩色の絵の具が塗りたくられていました。それは、人種の坩堝《るつぼ》・ニューヨーク市の風紀の乱れ、治安の悪化を象徴するものでもありました。

一九九四年に同市の市長となったルドルフ・ジュリアーニ氏が手がけたのは、その落書きを消すことでした。落書きだらけの地下鉄車両、ホームの壁をきれいにしたのです。まさに、かたちを調えたわけです。

その結果、何が起きたか。きれいになった車両にも壁にも落書きをされることがなくなったのです。目に見えるところをきれいに調えることで、人びとの、落書きをしてやろう、という思いが消え、心が調ったということでしょう。

こうした例は私たちの身近にもあります。たとえば、きれいに磨き上げられたトイレは汚されない、塵ひとつない場所にはタバコのポイ捨ても、ゴミのチョイ投げもされない、スッキリと片づいた部屋は乱雑にならない……。

かたちを調えることが、汚さない心、捨てない心、乱さない心につながっている。

かたちを調えることの意味は大きいのです。

プロ野球選手やプロゴルファーが調子を落としたとき、必ず、おこなうのがフォームのチェック。技術レベルの高いアスリートの不調の原因は、多くの場合メンタル面とされますが、いきなりメンタルな部分を修正しようとしても、これはなかなかできにくいのです。しかし、**フォーム、つまり、かたちはすぐにも調えることができる。そして、それはメンタル面の修正、心を調えることに直結する**のです。

禅の修行では、坐禅はもちろん、歩き方から箸《はし》の上げ下ろしといった日常の細々《こまごま》したことまで、厳しい規則が設けられています。すべてかたちから入っていくのです。**正しいかたちを身につけると、いつでもそのかたちをとることで、心もそれにふさわしいものになる**からです。

心が乱れたとき、迷いや戸惑いで心がいっぱいのとき、坐禅をすると、穏やかで静かな心が戻ってくる。かたちを持っていることの強みです。

禅で、掃除を重んじる理由

――使う人の目線で見ると掃除ができていないときは、「心配り」が足りない

禅では掃除を重んじます。「一掃除、二信心《にしんじん》」というくらいで、信仰心より上位に置いている。

それは、**庭の塵を払うことは心の塵を払うこと、廊下を磨き上げることは心を磨くことだ**という考えからです。

ところが、払い忘れ、磨き残しがあるから、掃除はやっかいなのです。

たとえば、トイレや風呂の掃除に取りかかって、ひと汗流し、「さあ、これできれいになった」と終えたとします。しかし、じつはきれいになっていないのです。

〝使ってみる〟とそれがわかる。実際にトイレに坐ったり、風呂に入ったりすると、

「おい、おい、こんなところに埃《ほこり》が残っているじゃないか」

「あれっ、あそこのタイルの目地が汚れたままだ」

といったことになります。

なぜだかわかりますか。

掃除をしているときの目線と、使うときの目線が違うからです。前者の目線で「よし」と思っても、後者の目線で見ると、「まだまだ」ということが往々にしてある。

坐禅の本分は「心を配る」ことだという話は再三してきました。調身、調息、調心ということに、こまかいところまで心を配っていく。それができていないのです。

掃除をすることには心を配っていても、使う人に対しての心配りを忘れているということでしょう。使う人の気持ちになって、使う人の立場に自分を置いてみて、そこまで心を配っていくことが大切です。すると、掃除が大きく変わります。

これは何にでも通じています。

仕事の場面で、プライベートな人づきあいの場面で、十分に心を配ったつもりなのに、相手を怒らせたり、傷つけてしまったりすることがある。それは相手の気持ちになった、相手の立場になった、心配りをしていないからです。

「そんなに心配りばかりしていたら、疲れちゃうじゃないか」

そう思いますか。心配ご無用！　**心はかたちがありません。かたちがないものは疲れたりしないのです。どうぞ、あらゆることに存分に心を配ってください。**

念とは何か？

——思いは次々と出てくるもの。でも、その「念」を継がない

坐禅では身体と心をひとつにすることをめざす、といいましたが、どうしたって湧いてくる思いというものはあります。これはどうにもならない。

坐禅をしているというそのことだけに集中している状態……いわば、心が何も思わず、空っぽになっている状態になど、そう易々《やすやす》となれるものではありません。

そのときどきの思いはあっていいのです。

次々と湧いてくる思いは「念」です。「念」という字を見てください。「**今**」の「**心**」と書きます。つまり、その瞬間の心の動きですね。それが出てくるのはしかたがないのだから、放っておけばいいのです。しかし、これまたなかなかに難しいので

す。

たとえば、坐禅をしていても、ふっと仕事のことが頭をよぎることがある。思いが仕事に向くわけです。すると、その念にとらわれてしまう。「明日、プレゼンをしなきゃいけなかったな」「うまくできるだろうか?」「もう少し下準備をしなければいけないな」「いやいや、準備は十分したはずだ」……。

そんなふうに、**念は、一度出ると、つながっていくのです**。禅では**「念を継ぐな」**といういい方をしますが、その念がつながってしまうのを何とかしなければなりません。

ここも呼吸です。

湧いてきた念を、呼吸とともに吐き出してしまう。

吐き出してしまえば、念にとらわれることはなくなります。とはいっても、その感覚は坐禅を続ける中で体得してもらうほかはないのです。

しかし、必ず、「おっ、これか」と感じるときが来ます。念を吐き出すコツのようなものが身についてくる。

仕事のことを思っても、いつのまにかそれが消えている。恋人のことが浮かんでも、次の瞬間にはその思いがなくなっている。

どこかに心が動いても、いつまでもそこにとどまっていることがない。それが「念を継がない」ということ。ふつうの言葉を使って、**心が自由になる**、といってもいいですね。その〝境地〟はけっして遠くにあるわけではないのです。

瞑想と坐禅の違い

――目を閉じない。頭に具体的なイメージを浮かべようとしない

みなさんの中には、坐禅と瞑想《めいそう》は同じようなものだと思っている人が少なくないでしょう。広い意味でいえば、坐禅も瞑想のひとつという考え方ができるかもしれません。しかし、明らかに違っているところもあります。

瞑想するときには目を閉じますが、坐禅では「半眼」といって、目をなかば開けている。完全に閉じることはありません。

案外、そのことは知られていないようで、はじめて坐禅に取り組む人は、「えっ、目は閉じないんですか？」とたいがい驚いたような顔をします。

瞑想では、目を閉じて、頭の中にさまざまなイメージを浮かべます。いわゆるイメ

ージトレーニングと呼ばれるものが、その代表的なものだと思いますが、たとえば、アスリートが勝利の瞬間を思い浮かべるとか、緊張感から解き放たれて思う存分、自分の力を発揮している場面を思い浮かべるとか、ということをするわけです。そのためには目を閉じて視覚からの情報を遮断してしまったほうがいいのでしょう。

ところが、**坐禅では何かを〝思い浮かべる〟ということはしません。**坐禅をしている「いま」に、心と身体をひとつにする。わかりにくい表現でしょうか。

それでは、坐禅というものをしている「いま」「そのとき」の身体に、心をピタッと重ねて一体のものとする、あるいは、一体になる、といえば少しはわかりやすいでしょうか。

坐禅を組んでいるとき、身体は坐禅のかたちをとっている。すなわち、坐禅をしているわけです。しかし、心はどうかといえば、次々にいろいろなことを思うかもしれない。「えらく足が痛いな」「いつまでこれをやるんだろう?」「こうして坐っていて何か得られるのだろうか?」「ちょっと腹が減ってきたな」……。

身体とは別のところに心があるのです。これは、心は坐禅をしていないということでしょう。そうではなくて、**心も坐禅をする**。坐禅というかたちの中に身体も心も一緒にある、というのが坐禅の本来の姿です。

的確な例ではないかもしれませんが、誰にでもこんなことがあるはずです。電車に乗って窓の外を眺めているとき、目にはさまざまな風景が入ってきます。しかし、それは「見ている」ことではない。**「見よう」という心の働きがなければ、見えていても見ていることにはならない**のではないでしょうか。目（身体）は見ていても、心は見ていない。身体と心とが離れている、別々のことをしているのです。心ここにあらず、の状態にあるといってもいいかもしれません。また、ぼぉっと音楽を聴いていて、「あれっ、いま流れていたのは何の曲だったっけ？」ということもあるでしょう。身体と心はなかなかひとつにはならない、ひとつにするのは難しいのです。

その〝難事〟をめざしていこうとするのが坐禅です。禅では「**身心一如**《しんじんいちにょ》」といいますが、**本来、身体と心は一体のもの**なのです。しかし、バラバラ、ちぐはぐになってしまっていることがとても多い。だから、**坐禅を通して、その本来の身体と心の在り様に立ち返ろう**とするのです。

一刻一刻、すべてが修行だった

――禅宗の宗祖、達磨大師の教えを知る

ここで坐禅の歴史について少しお話しします。

坐禅はお釈迦様の時代から、修行として取り入れられていたようです。ヨガに坐禅に似たポーズがありますし、インドの修行法のひとつだったのでしょう。

もっとも、坐禅を修行の中心に据えたのは、インドから中国に入った達磨大師。禅宗の宗祖です。

達磨大師には凄《すさ》まじい話が伝わっています。中国の少林寺で九年間、壁に向かって坐禅を続けたというもの。「面壁九年《めんぺきくねん》」の言葉で示される伝説です。

誰もが目にしたことがある「達磨さん（起き上がりこぼし）」に足がないのは、こ

の伝説に基づいてそれがつくられたからです。

達磨大師が一途に坐禅に取り組んだことには一点の疑念もありません。しかし、九年間坐り続けたというのは、いくら「寓話」だからといって、額面どおりに受けとれませんし、そう受けとるべきではないのです。

大師は、当然、坐禅はしましたが、読経も掃除もした。飯も食えば、寝てもいたのです。しかし、その一つひとつに、修行そのものとして取り組んでいた。一日中なすことのひとつとして、心を配らないものはなかった。すなわち、大師にとっての一刻、一刻、その一挙手一投足は、一切合切が坐禅修行だったということでしょう。

「面壁九年」——九年間坐禅をし続けたという禅語に込められているのは、一瞬たりとも修行を疎かにするな、という教えなのです。禅の修行の核は坐禅ですから、その坐禅という言葉に、あらゆる修行という意味あいを持たせたということなのでしょう。

禅問答のようになりますが、坐禅をしているときだけが坐禅ではないのです。そのときの心を持って、すべてのことにあたる、すべてのことをなしていく。それを禅では、行住坐臥は修行である、というのです。

坐禅に「公案」と「法話」がある理由

——心についた泥を、流すためのもの

全生庵での坐禅会では、坐禅をする前に少し話をします。法話ですね。禅にまつわるさまざまなエピソードといったものを短くお話しする。このところは『無《む》門関《もんかん》』という、無門慧《え》開《かい》禅師が編んだ公案集の話をしています。

坐禅は、本来、頭で理解するものでもないし、話を聞いてわかるものでもありませんから、ただ坐っていればいいようなものですが、やはり、何ごとか禅の話に触れておいたほうが、入りやすいという面もあるのです。

山岡鉄舟先生は公案について、「石けんのようなものだ」といっています。手についた泥を落とすには石けんが必要です。しかし最後は、その石けんも洗い流してしま

わなければ、手はきれいになりません。

公案や法話もそれと同じだというのです。苦しみとか哀しみは、心についてしまった泥のようなものです。それをつけたのは自分です。苦しさ、哀しさというものに実態があるわけではないのです。

「生活が苦しい」「恋に破れて哀しい」というのは、自分がそう思っているということでしょう。同じ状況にいても、「この生活、まあ、こんなもんだな」と受けとっている人もいるし、「ひと恋終わって、さぁて、次の恋……」という人もいる。その人たちにとっては、苦しくも、哀しくもないわけですね。

つまり、苦しさも、哀しさも、自分が考え出したものにすぎないのです。だから、その考えを捨ててしまえば、スパッと断ち切ってしまえば、そこから離れてしまえば、何のことはないのだが、そうはいかないのが人間です。

そこで、公案や法話で心の泥を落としやすくする。こんな話があるんだよ、ということを知ってもらって、「あっ、そうか。この苦しさは自分がつくっただけなんだ」ということに気づいてもらおうという〝策略〟とでもいいましょうか。

たとえば、こんな話があります。小さい子どもを亡くした母親がお釈迦様のところに来て、どうにかして子どもを生き返らせてほしい、と懇願します。母親は哀しみの淵《ふち》にいる。そこで、「死んだものは二度と生き返るわけがないではないか」といっても、母親には、到底、受け入れられるはずがありません。

お釈迦様はこういいます。「わかった。願いをかなえてあげよう。ついては、芥子《けし》の実（辛子の実ということも……）をどこかの家からもらってきなさい。ただし、いままで一人も死人を出したことがない家からもらってこなければいけないよ。そうしたら、子どもを生き返らせることができる」

芥子（辛子）の実は、当時、どこの家にもあるものだったのでしょう。母親は一軒、一軒、訪ね歩きます。しかし、どの家でも「うちは去年、じいさんが亡くなって……」「子どもを亡くしたばかりでね」という答えが返ってきます。それはそうです。死人が一人も出ていない家などあるはずもない。

その過程で、母親は死がけっして特別なものではないということに気づきます。そして、死というものを受け入れられるようになる。「私だけが背負っている哀しみ」

は、自分がつくり出したもの、自分の思い込みなのだ、ということを自覚し、そこから自由になれるのです。

公案や法話は、そうした自覚を促すものだ、と私は考えています。心の泥を落とす石けんというのは、そういうことでしょう。**最終的には自覚した自分が、それを洗い流さなければ、心はさっぱりしないのです。**

苦しみでも、哀しみでも、心がそこにとどまっていては、前に進めません。公案や法話で少し背中を押し、坐ってもらうことで、自分で歩き出してもらう。まあ、そう簡単にはいきませんが、坐禅にその道筋があるのは、確かなことなのです。

坐禅に才能は関係ない

――根気さえあれば、誰でもできる。だが、その「根気」が難しい

「坐禅にはどんな心がまえで取り組めばよいでしょうか？」

そう尋ねられることがしばしばあります。坐禅をするにはそれ相応の心の準備が必要だと考えている人は少なくないようです。なかには、何か特別な才能が必要ではないのか、とまでいう人もいる。

山岡鉄舟先生は禅について、こんな言葉を残しています。

「そもそも禅は根気の仕事だから、根気さえあれば男女賢愚にかかわらずできるものなのだが、もし根気がなかったら男女賢愚にかかわらず駄目である。根気のない者に禅をやらせるのは、たとえば自分のような胃病の者に牛肉を丸呑みさせるようなもの

で、一般に害はあっても益はない」

禅、坐禅に心の準備などいりません。もちろん、才能も関係なし。**必要なのは根気**です。坐り続けるという根気、やり続けるという根気、が坐禅に取り組む際の必要十分条件といっていいでしょう。

米メジャーリーグの記録を次々と塗り替えてきたイチロー選手が語ったこんな言葉があります。

「努力せずに何かができるようになる人のことを天才というのなら、ぼくはそうじゃない。努力した結果、何かができるようになる人のことを天才というのなら、ぼくはそうだと思う」

走攻守、どれをとってもピカイチ。野球をやるための才能を独り占めにしているかに見えるイチロー選手をして、**努力にまさる天才なし**、といわしめています。毎日コツコツと続ける努力。それこそ根気そのものなのではないでしょうか。

イチロー選手流にいえば、根気にまさる才能なし、です。その意味では、**坐禅には根気という〝才能〟、それのみが必要だ**、といえるのかもしれません。

自分と向き合うとは何かを知る

――「建前の自分」でなく、「自分らしさ」を見つけること

みなさんの坐禅についてのイメージは変わったでしょうか。

いちばん〝意外〟だったのは、坐禅をしたからといって、強靭な精神力の持ち主になれるわけでもないし、集中力が格段に高まるというわけでもない……、つまり、**自分が劇的に変わるということはない**、という点かもしれませんね。

「なぁんだ」というなかれ。たいがいの人は坐禅に「期待しすぎて」います。

坐禅とは何かを端的にいうとすれば、「**自分と向き合うこと**」といういい方になるでしょうか。自分と向き合うといっても、鏡に映した自分を見るということとは違います。的確な言葉にするのは難しいのですが、本来の自分と出会うこと、本来の自分

を知ること、といったら近いかもしれません。

人はいろいろな自分を持っています。よく、本音と建前といういい方をします。それだけでも本音の自分と建前の自分があるわけです。ほかにも自分はワンサカある。その証拠に、「いまの私ってほんとうの自分じゃない気がする」なんて台詞を、誰もが口にしているのではありませんか。

仕事を進めているとき、人はその仕事を成功に導くように動きます。当然、それにふさわしい自分になっているわけです。たとえば、粗雑なふるまいをしないとか、相手の機嫌を損なわないとか、上手にこちらのいいたいことを伝えるとか……。

あるいは、恋の渦中にいれば、自分を好ましく見せるようにつとめるでしょうし、相手をできるかぎり理解し、受け入れようともするはずです。

いずれにしても、その自分は何かを達成しようとする目的を持っています。先のケースでいえば、仕事の成功とか恋の成就ですね。そのような「〜のため」に動いている自分は、本来の自分から離れたものになっているのではないでしょうか。

坐禅には「〜のため」というものがありません。何かを成し遂げるための手段ではないし、何かを手に入れるためのアプローチということもない。いってみれば、**坐ることそのものが目的なのです。つまり、結果や成果を求めることがない。**

だから、ただ、坐るということの中に、本来の自分というものがしだいに露わになってくる、あらわれてくるのではないでしょうか。

もちろん、まったく純粋な本来の自分と出会い、知ることは簡単にはできないでしょう。しかし、坐禅によってそこにわずかずつでも近づいていくことはできます。日常生活では本来の自分をおおっている靄《もや》みたいなものが、少しは薄らいで、おぼろげにでも、本来の自分を見透かすことができるのです。

それは、さまざまな姿となってあらわれている自分と、本来の自分との距離を縮めることでもある、と思うのです。距離が縮まれば、離れていく自分を引き戻すこともしやすくなります。自分らしく生きやすくなる、といってもいいでしょう。

自分を変えたら、よりすばらしい生き方ができるわけではありません。**少しでも自分らしく生きる。**そこにすばらしさがあるのです。

さっさと動く

――理由を探してばかりいる人は、結局動けない

他人の行動を見ていて、「何やってんの。さっさと動けよ！」と感じたことはありませんか。「さっさと動く」とは、意外に深い言葉なのです。

どんな行動も、その動きによって、大きく印象が変わります。やっていることは同じでも、キビキビ、パッパッ、と機敏に動いていると見ている側も気持ちがいい。逆にノロノロ、モソモソ、グズグズ、はこちらを苛立《いらだ》たせたり、不快にさせたりします。

禅僧の立ち居ふるまいは悠然としているように見えますが、一つひとつの動きは澱《よど》みがなくじつにスキッとしている（みなさん、そんな気がしませんか？）。修行時代に「さっさと動く」ことを徹底して叩き込まれるからです。

合図とともに寝床から起き上がり、夜具をたたんで、洗面をして、身繕いをして……。そんな朝のひとこまを例にとっても、どの動作も「パッ」とやらないと、追いついていけないのです。余計なことが入り込む隙間《すきま》がない。

それが段取りを考えることにつながっていきます。段取りを考えてから動くのではありません。さっさと動くから段取りが生まれるのです。

仕事にしても、

「さて、どこから始めるかな。あれからやるのが効率がよさそうだ。いや、待てよ。やっぱりこっちから手をつけたほうが……」

なんてやっていると、いつまでたっても手つかずになってしまう。**すぐに動き出してみると、「おっ、次はこれだな」というふうに段取りが見えてくる**のです。

坐禅もそうです。よく、こんな人がいます。

「前から坐禅をやってみたいな、と思っているのですが、なかなか時間がなくて。少し時間に余裕ができるようになったら、ぜひ、坐禅会に参加させてください」

時間に段取りをつけてから、坐禅をしようというわけですが、こういう人は、まず、生涯、坐禅とは無縁で終わります。坐禅をしたいなら、すればいいのです。一度でもやってみれば、時間のやりくりをする手立てもわかってくる。忙中閑あり、といわれますが、いくら忙しくしていたって、週に一度、あるいはひと月に一度、一〜二時間程度の時間をつくり出せないことはないはず。それこそ、分刻みのスケジュールで動いている歴代首相の何人かが、実際、全生庵で坐禅に取り組まれています。

時間の〝余裕〟といいますが、人生に〝余っている〟時間などないのです。どうにか段取りをつけて時間をつくり出すから、その時間を充実させよう、坐禅をするなら、真剣に取り組もう、という気持ちになるのではないでしょうか。

さっさと動かないと、結局、動けなくなる。さっさと動くから、そのふるまいは心地よく、美しい。そのことをきっちり腹に据えておきましょう。

写経のしかた

——どの瞬間も丁寧に、最後には必ず見返す。それが丁寧に生きることにつながる

全生庵では写経会もおこなっています。書き写すのは『般若心経《はんにゃしんぎょう》』という短い経典。文字数は、経題一〇字を含めて二七六文字。姿勢を正し、手本を見ながら一文字、一文字、書き写していきます。最初は手本を上からなぞるということでもかまいません。時間は、速い人で四五分ほど。ゆっくりの人でも一時間半で終わります。

写経をおこなう際の作法として、「一字三礼《いちじさんらい》」というものが古くから知られています。一字書くごとに三回礼拝をする。通常、写経会ではおこないませんが、そのくらい丁寧に、心を込めて書き写しなさい、ということです。

私が参加者に常々申し上げているのは、最後の一字を書き写し終えても、「さあ、

終わった、シャンシャン」とはしないで、**必ず、見返してください**、ということです。

一字、一字、一所懸命書いているつもりでも、一時間のあいだには心が動きます。集中している瞬間ばかりではなく、なかだるみがあったり、また、集中したりということになる。そういった**心の動きが、そのまま字にあらわれてしまうもの**です。

写経でも、坐禅でも、同じ。**一瞬、一瞬にすべての自分を投入していく**。どの瞬間も疎かにすることなく、一所懸命におこなう。そのことが大事なのですが、これが至難の業なのです。それを自分自身で感じることも、写経の大きな意味です。

「なるほど、**〝一所懸命〟を持続するのはたいへんなのだ**」という思いがあると、何ごとも「終わった！」ですまさず、見返すようになります。

見返すことで気づくことがたくさんある。仕事で、必要なのに落ちている部分に気づいたり、掃除のやり残しに気づいたり、外出支度でエアコンの消し忘れに気づいたり……。気づけば、当然、あらためることになるでしょう。

見返し↓気づき↓あらためる、ということを繰り返していくと、そう、日常のふるまいが丁寧になるのです。それはそのまま、**人生を丁寧に生きること**につながります。

書と禅

――「書」は、自分の心をそこに記したものであり、単なる文字ではない

書は重要な日本文化のひとつです。禅僧も多くの書を残しており、国宝級のものも少なくありません。

禅では書のことを「**墨跡**《ぼくせき》」といいます。自分の心をそこに記したもの、**単なる文字ではなく、「心の跡」**だからそう呼ぶのだ、と私は勝手に解釈しています。

書といえば、山岡鉄舟先生ほど数多く、それを残した人はいないでしょう。全生庵の本山は富山県にある国泰寺という寺ですが、その復興のためにだけでも一二〇〇双もの屛風《びょうぶ》を書いています。〝一双〟は六曲《ろっきょく》屛風二つですから、枚数にすると一二枚。その一二〇〇倍の一万四四〇〇枚を、ひとつの寺の復興のために書いているわけです。

全生庵のある谷中には、臨済宗の寺だけでも十数カ寺ありますが、鉄舟先生の書が一枚もない寺はないのではないかと思います。晩年にお弟子さんが鉄舟先生に、「先生、どのくらいお書きになりましたか？」とうかがったところ、返ってきたのはこんな答えだったといわれています。

「まだ、日本の国民に一枚ずつ行き渡っていない」

実際、鉄舟先生のために、お弟子さん二、三人が朝から晩まで墨をすっていたという話もあります。残されるエピソードにはつねに尾ひれがつくものですが、鉄舟先生が亡くなって、つぶれた奈良の墨屋さんもあるそうですから、確実に一〇〇万枚くらいは書いているのではないでしょうか。

しかも、集中的に書いたのは、明治天皇の侍従を拝命した三七歳以降だと思われます。鉄舟先生が亡くなったのは五三歳。その一五～一六年のあいだに一〇〇万枚だとすれば、年に六万数千枚、ひと月に五千数百枚、一日に二〇〇枚近く書いていたことになります。

その間に、坐禅を組み、剣の修行に励み、当時、明治政府が打ち出していた「廃仏《はいぶつ》毀釈《きしやく》」、いわゆる仏教排斥政策に対して、断固として異を唱え、仏教を擁護する活動もしていたのですから、凄まじい気力の人であったといえます。

その気力の源が禅でした。坐禅で身体にも心にも気力をみなぎらせ、全身全霊をもって何ごとにもあたる。しかも、勝海舟が「明鏡の如く、一点の私心も持たなかった」とその人物を語ったように、まさしく無私の人でもあったのです。

武士道と禅

――結果がどうあれ、「覚悟」を持って生きていくこと

日本人の精神性を語るとき、必ず、登場するのが武士道です。禅は武士道に大きな影響を与えています。武士道でもっとも重んじられたのは主君に対する忠義でしょう。これは、儒教思想が基盤になっていますが、さらに**その根底には禅の「無常（観）」があった**のではないでしょうか。

この世にあるすべてのものは、つねに移ろっていて、一時もとどまることはない。それが無常ということです。

武士《もののふ》たちの命も、また、無常。戦乱の時代はとくに、きょう（その瞬間）の命は明日（次の瞬間）になったら、「死」に移ろうかもしれない。その思いがおそらくは忠

義を支えていた。明日をも知れぬ命の中で、「きょう忠義を尽くすのをサボったから、明日は二倍の忠義を尽くせばいい」ということができないわけですから、一瞬たりとも揺るがぬ忠義を武士たちは主君に向けたのではなかったでしょうか。

「覚悟」も武士道を理解するキーワードでしょう。武士道というと、潔く死ぬことが、まさにそれを貫くことのように思われています。もちろん、それも武士道の名に値する立派な覚悟です。しかし、**目的のためには、どんな屈辱に耐えても生き延びる、地面に這《は》いつくばっても、敵の股のあいだをくぐっても生きる、というのも武士道に恥じない覚悟**だと思うのです。

武士たちにとってたしなみでもあった坐禅は、覚悟を培い、確かなものにしてくれるものだったのでしょう。天下に聞こえる剣の腕を持ち、坐禅にも深く通じていた山岡鉄舟先生によく知られるこんなエピソードがあります。

将軍・徳川慶喜《よしのぶ》がいる江戸城に向かって侵攻を続ける倒幕軍（官軍）が、いよいよ駿府に入ってきたとき、幕府は恐れおののきました。このままでは江戸城はかつての大坂城のように燃え上がり、江戸の町は火の海と化すのは必至だからです。

それを回避する手立てはただひとつ、慶喜の恭順の意を倒幕軍に伝え、江戸城を明け渡すことしかありませんでした。しかし、江戸を攻め落とす、と血気にはやる倒幕軍は江戸城総攻撃の日を決定します。その中で、慶喜恭順の意を確認した鉄舟先生は、駿府に向かいます。倒幕軍を率いる西郷隆盛と面談するのが目的でした。

西郷の陣は倒幕軍によって厳重に警戒されています。幕府側の人間と見たら、ただちに討つのが彼らの任務です。鉄舟先生はそこにこう告げながら、乗り込んでいったのです。「朝敵徳川慶喜の家来、山岡鉄太郎、大総督府（西郷の陣）に行く」。みずから敵であることを名乗って、真正面から敵陣に入っていったのです。

並々ならぬ胆力と人知を超える覚悟です。西郷は鉄舟先生を迎え入れ、談判の末、江戸城総攻撃は回避されます。談判の際、西郷と鉄舟先生のあいだでこんな会話が交わされたとされています。

「先生（鉄舟）は官軍の陣営を破ってここに来ました。本来は捕縛すべきところなれども、よしておきましょう」

「縛につくのは望むところです。早く縛ってもらいましょう」

「まずは酒を酌《く》みましょう」

「江戸無血開城」として歴史に刻まれているこの大転換の最大の功労者は、江戸高輪の薩摩藩邸で西郷と対面した勝海舟とされています。もちろん、勝の功は評価されてしかるべきものですが、真の立役者が誰であったかは、語らずとも明らかなのではないでしょうか。西郷はその鉄舟先生について、こう評しています。

「命もいらず、名もいらず、官位も金もいらぬ人は、始末に困るものなり。この始末に困る人ならでは、艱難《かんなん》をともにして国家の大業は成し得られぬなり」

山岡鉄舟、真に心も身体も禅を体現していたのがその人でした。

何度も覚悟を求められるのが人生です。生きているうちには岐路がたくさんあります。そこで、どの道を選ぶか。それはそれぞれが決めればいいことです。しかし、選んだ道をまっとうする覚悟は固める必要がある。**結果がどうであっても、覚悟を持って、選んだその道を行くということが、真摯に生きることにつながっているの**は、もう、いうまでもありませんね。覚悟を鍛えませんか。

剣術と呼吸

——できるだけ長く息を吐きながら、相手が息を吸った瞬間を見きわめるのが、勝負の極意

武士階級に坐禅が積極的に取り入れられた理由のひとつとして、「呼吸」があったのではないでしょうか。坐禅の呼吸は剣術に通じる。**刀を抜いて対峙《たいじ》したとき、勝負を決めるのは集中力**でしょう。よほど腕に違いがあれば別ですが、力が拮抗《きっこう》していたら、集中力の差が生か死かを分けるのです。わずかでも集中力を欠いたほうが負ける。呼吸はその集中力と深くかかわっています。

坐禅の呼吸は長く吐くことに重きが置かれます。呼吸を長く使っているときには集中力が途切れません。また、**息を吐くときは力が込められるのに対して、息を吸うときには力が入らない**のです。

だから、できるだけ長く息を吐きながら、相手が息を吸う瞬間を見定めて、刀を振るう。いったん吸い始めたら、途中で止めても力は入りませんから、吐く息とともに渾身《こんしん》の力を込めている自分と、力が減じられている相手とでは、持っている力以上に差ができて、勝敗が決するのです。

いまこの時代に「勝負」をする場面といったら、やはり、ビジネスの世界になるのではないでしょうか。大事な交渉事、背水の陣で臨むプレゼンテーション、クレームの対応……など、勝負しなければいけない状況がいくらでもありそうです。

吐く息を意識して長く呼吸を使えたら、そうした場面で大きなアドバンテージになるはずです。おたがいに厳しい条件を出し合って摺《す》り合わせをしている、という状況でも、こちらは呼吸を調え、相手が息を吸うその瞬間を逃さず、「ここは譲れません。この条件でいかがですか？」と切り込めば、相手が頷《うなず》く可能性は確実に高まります。

その意味では、**呼吸も〝ビジネスツール〟のひとつ**だといういい方ができるかもしれません。坐禅の呼吸を体得しておく。その強力なツールを携え、自信を持ってビジネスに臨んでください。

第五章

坐禅の基本と所作

初心者に教えることが奥義であり極意
――大事なことはすべてそこにある。だからこそ、「初心に返る」

「よし、坐禅をやってみよう」

そう思ったら、すぐにも坐禅会に行き、禅僧の指導を受けてください。それが坐禅に取り組むときの重要なポイントであることは、すでにお話ししたとおりです。**坐禅は正しいかたちから入り、それを身体で覚えることが大切**です。

私たちが教えるのは**姿勢と呼吸**です。

坐禅は**調身**、**調息**、**調心**、つまり、姿勢と呼吸と心を調えようとするものですが、心の調え方は言葉では伝えられないし、調ったかたちを見せることもできません。だから、言葉で伝えることができ、かたちも見える姿勢と呼吸を教えるのです。

「じゃあ、心はどうなるの？」。その心配は無用です。姿勢、呼吸、心は三位一体ですから、**姿勢と呼吸の二つが調えば、「心」も自然に調ってきます。**

坐禅で教えるのはそれだけです。初心者だからひとまず、ここから教えて、レベルが上がったら、徐々に高度なことを教えていく、ということは坐禅にはないのです。初心者に教えることが奥義であり、極意でもあるということですね。その奥義に、極意に、命を吹き込んでいくのは、その人自身ですが……。

これは坐禅にかぎったことではありません。

仕事でも何でも、躓《つまず》いたり、行き詰まったりしたときには、「初心に返れ」ということがいわれます。**はじめて仕事に就いたそのときの思いが、仕事に向き合ういちばんの基本、大本、根っこ、**だからでしょう。

その仕事をする意味も、意義も、仕事に対する志も……そっくりその中にあるのです。しかし、時間がたつにつれてそれが忘れられてしまう。お金や地位といった、仕事に付随するさまざまなものがついてきて、その中に思いが埋まってしまう、といったらいいでしょうか。

ものづくりにかかわる仕事なら、「人のためになるもの、世の中の役に立つものをつくりたい」。サービス関連の仕事なら、「痒《かゆ》いところに手が届くようなキメこまかいサービスにつとめて、相手に心から喜んでもらいたい」。政治家だったら、「つねに天下国家を論じ、国を守り、国民のために奉仕したい」。……といった思いが根っこにはあったはずなのです。しかし、いつかそれが忘れられ、枝葉が伸びていくことになる。たくさんお金を稼ぐとか、高いポストに就くとか、閣僚になるとか、といったことは枝葉なのです。たとえ、こんもりと枝葉が繁ったとしても、肝心の根っこがなおざりにされたのでは、やがて根腐れを起こし、朽ちていくことになります。とはいっても、忙しく日常生活を送っている中で、「さあ、初心に返ってみるか」というわけにはなかなかいかない。その条件づくりとして、坐禅はうってつけです。始めたばかりの人も、五分、一〇分と坐ってみると、心がスッと落ち着いてきます。**初心に返るための心が調う**といってもいい。

そうして、時折、**原点の、大事な思いに立ち返れば、根っこが朽ちることはありません。**繁った枝葉にも、〝思い〟が行き渡るのです。

家でもできる坐禅

――所作の流れを知っておこう。どんどん日々が輝き出す！

坐禅の一連の所作の流れを説明しましょう。これから坐禅を始めようとする人は、あらかじめ流れを知っておくと、手ほどきを受けるときも納得して入っていけますし、その後、家で坐禅をする際にも、一つひとつの所作が正しくおこなわれているかどうかを、チェックしながら坐ることができます。

【姿勢】理にかなった姿勢は、必ず美しいもの

坐禅は座布団を置いて、その上で坐るようにします。正式には、尻の下には坐蒲《ざふ》と

いう厚めの敷物を敷きますが、ふつうの座布団を二つ折りにして代用してもかまいません（図①）。

足は「結跏趺坐《けっかふざ》」というかたちに組みます（図②）。胡座《あぐら》をかいた状態から、右足を左の太ももものつけ根にのせます。次に左足を右のももの上にのせます。これが結跏趺坐です。

身体が硬いなどの理由で結跏趺坐ができない人は、左右どちらかの足をももの上にのせる「半跏趺坐《はんかふざ》」から始めてください（図③）。

足を組んだら背筋を伸ばします。頭のてっぺんを天井から吊《つ》るされているようなイメージを持つ、といったりしますが、同時にヘソのあたりをクッと立てるようにすると、腰が入って正しい姿勢がとりやすくなります。腰が後ろに引けている〝腰抜け〟にならないよう注意しましょう（図④）。

日本人は猫背になって頭が下がりやすいですから、**胸を軽く開くような感じにすると、背筋も伸び、自然に頭が上がります。**

手は、右の掌《てのひら》を上にして、組まれた足（下腹あたり）に置き、左手をその上にのせ

坐禅では「坐蒲」という
厚めの敷物を敷きます。
ふつうの座布団を二つ
折りにして使っても大
丈夫です。

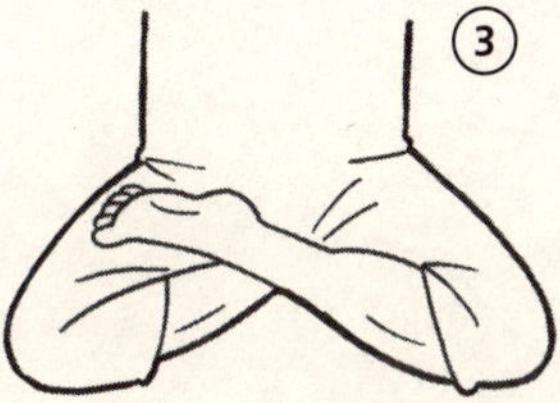

半跏趺坐。左右どちらかの足をもも上にのせます。結跏趺坐ができない人はこちらで。

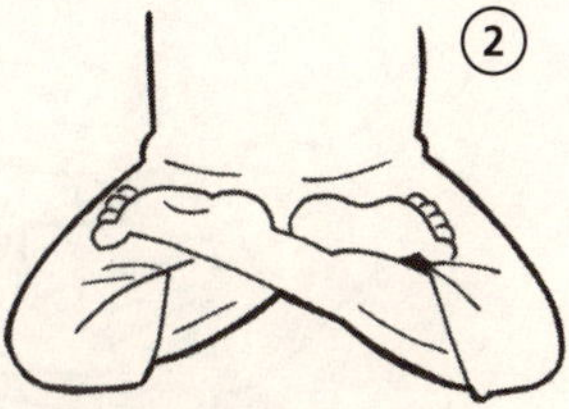

結跏趺坐。胡坐をかいた状態から、右足を左太もものつけ根に、次に、左足を右もも上にのせます。

④

頭のてっぺんを天井から吊るされているようなイメージで、ヘソのあたりをクッと立てるようにします。

⑤

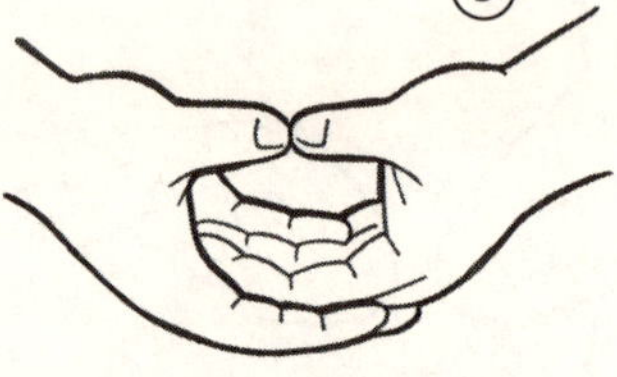

法界定印。「静かに慮る」ということをあらわしています。この印を、坐禅中に保つこと。

ます。左右の指が重なる感じです。左右の親指を軽く合わせ、卵形の空間ができるようにします。このかたちが法界定印《ほっかいじょういん》と呼ばれる「印」のひとつです（図⑤）。

「印」は仏様の働きをそのかたちであらわしています。法界定印があらわしているのは「静かに慮《おもんぱか》る」ということです。坐禅をしているあいだに緊張感が失われたり、姿勢が崩れてきたり、眠気を催してきたりすると、法界定印が崩れます。**印を保つことが適度な緊張感を持ち続け、姿勢を保っていくことにつながっていきます。**

「姿勢」という字を見てください。「姿」の「勢（い）」と書きますね。

姿――、それは佇まいであったり、立ち位置であったり、ふるまいであったり、所作であったり……しますが、その勢いを示すのが「姿勢」だといっていいでしょう。

勢いがない姿は、弱々しく、気力（やる気、元気、勇気）がなえている、と映ります。逆に勢いがある姿は、強靭で気力に満ちあふれている、と映るのです。「人は見た目が九割」という言葉があります。それは、飾ったり、装ったりして、見た目をよくすることが大切だという意味ではないのです。

勢いのある姿、すなわち、気力があらわれている姿勢が大事なのだ、ということでしょう。坐禅の姿勢は、その原型、だから、究極のかたちでもあるのです。気力が先走ってもいないし、緊張がほどけてもいない。禅に「過ぐることなく、欠くることなし」という言葉があります。**すべてが過不足なく調っているということですが、坐禅の姿勢がまさにそれ**です。

理にかなった姿勢。**静けさの中に、凜とした気力を感じさせる、**とでも表現すればいいでしょうか。

身についた坐禅の姿勢は、当然、あらゆる姿勢に波及していきます。立っている姿勢、椅子に坐っている姿勢、歩く姿勢、さまざまな所作をする姿勢……。それらが理にかなったものになっていきます。**理にかなったものは、いつも美しい。**語弊があることを承知で、あえて申し上げる。〝手っ取り早く〟美しい人になりたかったら、「姿勢」です!

【呼吸】呼吸がゆっくりになれば、心も落ち着く

坐禅のときの初歩的な呼吸法は「数息観《すそくかん》」と呼ばれるものです。

一から一〇まで心の中で呼吸を数える。鼻から息を吐きながら「ひとつ」と数えます。意識するのは「ほそく」「長く」ということだけ。**吐くことに集中していれば、吸うほうは身体が勝手にやってくれます。**

二回目に吐くときには「二つ」、三回目は「三つ」と数えていきます。一〇まで数えたら、また、一に戻り、それを繰り返していきます。

日常生活では、呼吸を意識することはほとんどありません。だからでしょう。坐禅を始めた人がそろって口にするのは、**「意識して呼吸をするのがこんなに難しいとは思わなかった！」**ということなのです。

意識すると途中で詰まってしまったり、ふだんより短くなってしまったり、といったことになる。しかし、これは慣れですから、続けていくうちに、だんだんほそく、長い呼吸ができるようになります。

ふつう、人は一分間に一五〜一六回の呼吸をしています。坐禅をしていると、それが一〇回くらいになっていきます。いちばん少なくなったときで五、六回になる。**呼吸がゆっくりになるということは、身体も心も落ち着いているということ**です。

前にも触れましたが、人は呼吸を休まず、一日に約二万回もしています。**人生でいちばん時間を費やしているのが呼吸**でしょう。心や身体を全体的に治療するホリスティック医学の名医・帯津良一先生は、「一日一〇〇回、呼吸に気を使えば、とても健康になります」とおっしゃっています。坐らなくても、坐禅の呼吸はできます。しかも、いつでも、どこでも、できる。

身体がだらけそうになったとき、心が騒ぎそうな気がするとき、一〇回、二〇回、坐禅の呼吸をしてください。

【目線】目を閉じてしまうと心が乱れるため、「半眼」で

坐禅をしているとき、目は閉じません。もちろん、カッと見開くというのではなく、

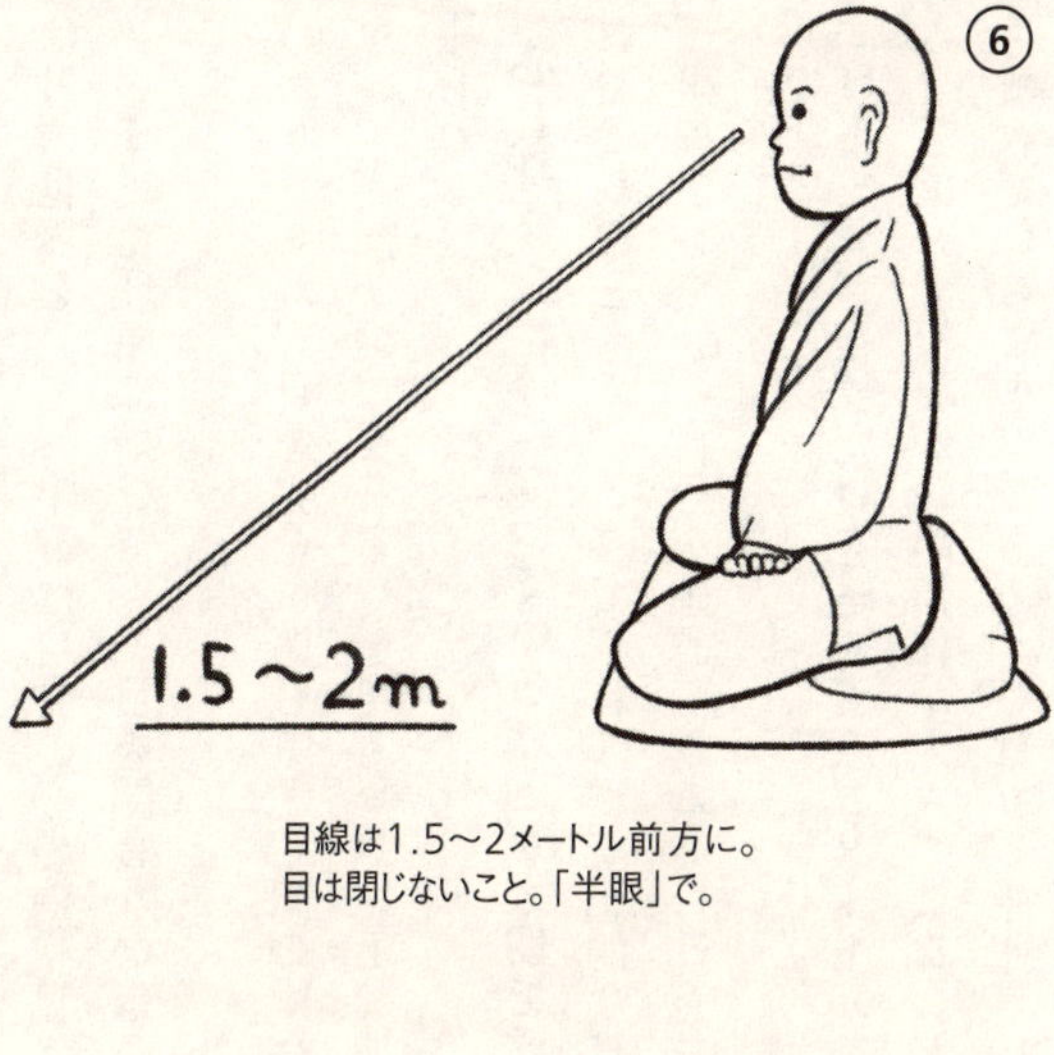

目線は1.5〜2メートル前方に。
目は閉じないこと。「半眼」で。

「半眼」といって、**見るとはなしに見る**という感じです。

禅的にいえば、半分は外の世界を見て、半分は自分の心の内や見えないものを見る、ということなのですが、そうした理屈は措いても、**目を閉じないほうが坐禅に集中できる**という面があるのです。

実際に試してみればわかりますが、目を完全に閉じると、頭の中にさまざまなことが浮かびます。考えや思い、妄想が飛び交うといってもいいでしょう。すると、心がその思いや考えに引っ張られる。

坐禅は「身心一如」、心と身体が一体になっていることが大切です。身体は坐禅をしているのに、心はあれやこれやと考え、いってみれば、空想的な世界にあるのでは、ひとつにはなれません。坐禅をしている自分を確認できるという意味でも、目は半ば開いていたほうがよいのです。

顔は前方にまっすぐ向けたまま、目線だけを一・五〜二メートル前方に落とします(図⑥)。目を開いているときほど、視界からの情報が入ってこないし、先にいったように、空想的世界からも離れていることができる。やはり、半眼がいちばん坐禅に集中できるのです。

【声の出し方】一日に一度大きな声を出すと、気持ちと姿勢が調う

坐禅をしているあいだは声を出しません。ただし、坐禅会では坐禅の前に『般若心経』などのお経を読むのが一般的です。それにはご本尊様への回向《えこう》という意味あいがあり、また、坐禅に入りやすくなるということもあります。

みなさんも、何かに取りかかるとき、「よっしゃあ」と声を出すことがあるでしょう。**声を出すことで態勢が調う。**夜の坐禅会などは、仕事を終えてから来る人がほとんどです。寺の門をくぐったからといって、すぐさま坐禅をする態勢になれるわけではありません。どこかに仕事を引きずっています。

だから、お経を読んで、腹から声を出して、坐禅に対する「よっしゃあ」という状況をつくるのです。すると、すんなりと坐禅に入っていける。

ちなみに、修行道場では朝のお勤め（読経）を一時間くらいしてから坐禅をします。

日中はいろいろな作務《さむ》がありますから、それを果たし、夜になったら坐禅をしてからお経を読む、というのが通常の一日です。

家で坐禅をするときも、腹からひと声出す。『般若心経』は短いお経ですし、もっと短い『延命十句観音経《えんめいじっくかんのんぎょう》』というお経もありますから、できたら、それらを読んで坐禅に入るのがいいのではないでしょうか。

75ページでも書きましたが、足を組むのが難しい場合は椅子に坐っておこなってもよいでしょう。一日五分でもいいので、毎日続けることが大切です。

あとがき

本書を読んでくださったみなさんは、坐禅について、何か考えや印象が変わったりしたでしょうか？

坐禅は、もちろん禅僧の修行であり、正しい師となる人物の導きを得てするものではありますが、実際のところ、その心は、ときと場所を選びません。

坐禅によって得られる心の落ち着きを、日々の生活の中で使っていくことができたなら、めまぐるしく過ぎていく現代社会において、あなたの心の支えになるのは間違いないでしょう。

多くの人にとって、毎日忙しく、なかなか自分自身と向き合える時間をとることは難しいかもしれません。

しかし、心を静かに、自分自身と向き合えたとき、そこにいる、そこで息をしている、ただそれだけのことをしみじみ感じられるはずです。すると、これまであなたの心を惑わせてきたいろいろなことが、少しだけ、和らぐのではないでしょうか。

もちろん、坐禅は魔法ではありませんから、やったその瞬間から何かが驚異的に変化するわけではありません。

ただ、毎日を丁寧に、一時一時を大切に生きなければ、心静かな「明日」は来ないのです。今日この一息を、精いっぱい生きていきましょう。

最後に。幻冬舎の見城社長のおかげでこの本の出版が実現しました。また、この本を出版するにあたり、幻冬舎の袖山さんには深々なる感謝を申し上げます。

全生庵　平井正修

二〇一三年　冬

文庫版あとがき

『心がみるみる晴れる　坐禅のすすめ』が出版されたのは二〇一四年一月。お蔭様にて大変多くの方々にこの本を手に取っていただきました。

また、この本を読んで実際に全生庵の坐禅会に参加していただいた方も大勢いらっしゃいました。お寺に行って坐禅、というとやはり身構えてしまう方が多いのではないかと思いますが、そんな心の垣根を少しだけでも低くできたのでは、と思っています。

身体が病気になったらお医者さんへ行き、薬を飲んで病気を治すわけですが、最上はなるべく病気にならない身体を作ることなのは言うまでもありません。実は心も一緒なのです。

インターネット、SNSなどの発達により、いつでも、どこにいても連絡が取れたり、必要量以上の情報を得ることができたり、まあ、便利と言えば便利なのですが、皆さん少し心が疲れているようにも見受けられる今日この頃です。

心が疲れすぎて病気にならないうちに、自分で自分の心を調える方法を知り、日々実践していくことはとても大切なことではないでしょうか。

雨が降らなければ雨漏りはしません。

しかし、必ず雨は降るのです。晴れているうちにいつ雨が降ってもいいようにしておかなければいけないのです。

姿勢を調え、呼吸を調え、そして心を調える。

簡単なようでなかなか難しいことですが、お釈迦様以来二五〇〇年にわたって続けられている方法です。富士山頂もこの一歩からです。

この度、大変手に取りやすい文庫版になりました。さらに多くの方々に坐禅に親しんでいただける一助となればと念じています。

二〇一七年　春

全生庵　平井正修

この作品は二〇一四年一月小社より刊行されたものです。

心《こころ》がみるみる晴《は》れる　坐禅《ざぜん》のすすめ

平井正修《ひらいしょうしゅう》

平成29年4月15日　初版発行

発行人——石原正康
編集人——袖山満一子
発行所——株式会社幻冬舎
〒151-0051東京都渋谷区千駄ヶ谷4-9-7
電話　03(5411)6222(営業)
03(5411)6211(編集)
振替00120-8-767643
印刷・製本—中央精版印刷株式会社
装丁者——高橋雅之

幻冬舎文庫

ISBN978-4-344-42607-8　C0195　心-4-1